K. Rotstein-van den Brink

Allerhand over natuur

*Wat groen is en het weer,
dieren en zo meer...*

NCRV – Hilversum

Uitgeversmaatschappij J.H. Kok – Kampen

Dit boek is tot stand gekomen naar aanleiding van het grote aantal reacties op het NCRV-televisieprogramma *Passage*, waarin Klazien elke week iets over de natuur vertelt.
Het is een bundeling van de onderwerpen die van september 1989 tot maart 1990 door Klazien in *Passage* zijn behandeld.

Eerste druk, april 1990
Tweede druk, mei 1990
Derde druk, mei 1990
Vierde druk, juni 1990
Vijfde druk, juni 1990
Zesde druk, september 1990
Zevende druk, oktober 1990
Achtste druk, november 1990
Negende druk, januari 1991
Tiende druk, april 1991
Elfde druk, mei 1991
Twaalfde druk, juni 1991
Dertiende druk, oktober 1991
Veertiende druk, november 1991
Vijftiende druk, december 1991

© NCRV 1990/J.H. Kok – Kampen 1990
ISBN 90 242 5102 8

Omslagontwerp: Dik Hendriks
Foto's omslag: Rob Lorié, Biohorma, Kippa
Illustraties: S. Woudenberg
Zetwerk: Elgraphic bv, Schiedam

Inhoud

Ter inleiding

In het NCRV-televisieprogramma *Passage* vertel ik u elke week over het weer, over kruiden, bomen, groenten, fruit en dieren. Graag wil ik u deelgenoot maken van die gewone dingen in de natuur die steeds weer verbazing wekken.

De schepping biedt een enorme levenskracht. Wij leven van de natuur. De natuur levert ons eten en drinken, geneeskracht, rust en ontspanning.

In de bijdragen aan *Passage* ligt de nadruk op de geneeskracht en het huishoudelijk gebruik van allerhande heel gewone dingen om ons heen. Bij geneeskrachtige planten denken veel mensen aan vreemde gewassen met vreemde namen en vreemde bereidingswijzen. Maar als u de programma's hebt gevolgd, weet u inmiddels wel beter. En anders wel als u dit boekje gelezen hebt.

Ik ben opgegroeid in het kleine Zalk met maar zo'n 600 inwoners. Zalk ligt tamelijk geïsoleerd op de westelijke oever van de IJssel tussen Kampen en Zwolle. Nog steeds wonen mijn man en ik op bijna hetzelfde plekje als waar ik geboren ben. In onze grote tuin verbouwen we alles zelf met veel plezier. Maar als je alles zelf verbouwt, moet je toch ook wel weten hoe je de teelt en de oogst het beste kunt begeleiden. Tenslotte ben je zomer en winter afhankelijk van wat het land opbrengt.

Omdat in een klein dorp niet zo maar een dokter bij de hand is, is het ook bijna noodzakelijk om te weten hoe je met kruiden e.d. allerhande ongemakken en ziekten kunt voorkomen en genezen.

Kruiden zijn heilzaam en werken zoals we ze gebruiken. Ze kunnen echter de dokter niet vervangen. Een dokter is vaak in staat de juiste oorzaak van klachten op te sporen. Onthoud dus: kruiden zijn goed, maar een dokter is beter.

In verband met het buitenwerk is het belangrijk om zicht te hebben op het weer. De gedragingen van planten en dieren en verschijnselen in de natuur kunnen ons veel leren over de weersverwachting.

Veel kennis van de natuur werd altijd van generatie op generatie overgedragen, maar toen met de industrialisatie de trek naar de stad toenam, was er minder behoefte aan de gewone huis-, tuin- en keukenmiddeltjes.

De laatste jaren is er echter weer een toenemende belangstelling voor het toepassen van deze oude wijsheid. Het genoegen en het voordeel met natuurlijke middelen te werken is echt niet alleen voorbehouden aan mensen op het platteland, ook in een stadstuintje of op een balkon en zelfs in de vensterbank kunnen allerlei kruiden gekweekt worden. En een goede drogist kan u ook – natuurlijk – van het nodige voorzien.

Belangrijk is dat u de natuur waardeert en leert kennen door goede waarneming. U zult versteld staan van de grote krachten die in de schepping gegeven zijn.

K. Rotstein-van den Brink

Munt

De verschillende muntsoorten zijn heel makkelijke planten met veel goede eigenschappen voor de moestuin en de siertuin. Ze bezitten geneeskracht en zijn toe te passen in de keuken en in de huishouding. In de tuin moet u ze wel een beetje in toom houden, want ze gaan gauw woekeren. Aan de andere kant heeft dat als voordeel dat u de plant eenvoudig kunt vermeerderen. U steekt er gewoon een stuk af en plant dat op de door u gewenste plaats.

Zelf hebben wij kruizemunt in de tuin en ik weet dat diezelfde plant al meer dan honderd jaar in de familie is. Hij heeft hitte en kou steeds overleefd en heel veel stukken zijn in andere tuinen weer tot wasdom gekomen.

In Overijssel wordt kruizemunt in het streekgerecht kruidmoes gebruikt.

Mijn grootmoeder was dol op die plant, omdat hij vliegen en muggen op afstand hield. Grootmoeder was blind en ze had graag een takje munt tussen de sluiting van haar jakje. Ze vond het zo verfrissend dat ze er zelfs mee naar bed ging.

Als ze hoofdpijn had, plukte ze een paar blaadjes munt en wreef ze over de slapen naar boven en de hoofdpijn verdween.

Van munt hebben we maar weinig nodig om een goede smaak of een geneeskrachtig effect te verkrijgen.

Een takje munt in de theepot en overschenken met kokend water. U heeft daarmee een verfrissende drank en een maagpijn stillend middel, dat u warm of koud kunt drinken.

Een muntblaadje in een gewoon kopje thee is ook lekker. Twee blaadjes in een kopje, overgieten met kokend water en u hebt een frisse muntdrank.

Munt maakt de gedachten helder. Daarom werd en wordt tijdens de preek vaak op een pepermunt gesabbeld. Vroeger preekten de dominees langer, gebruikten lange en ingewikkelde zinnen en het kerkvolk was minder ontwikkeld. Weinig naar school, hard werken en dan was op zondag in de kerk pepermunt een uitkomst om de gedachten beter bij de preek te houden. Maar drinkt u 's avonds een half uur voor het slapen een kop warme melk waarin u een paar muntblaadjes trekt, dan werkt het als een rustgevend middel.

Tegen winderigheid en gebrek aan eetlust drinkt u voor elke maaltijd een kopje suikerwater waarin een paar muntblaadjes zijn getrokken.

Munt bevat menthol en daarom kan het net zoals menthol als stoombad gebruikt worden. Een paar takjes munt in een kom met kokend water en de damp inademen; goed tegen verkoudheid en vastzittend slijm.

Tegen allergische jeuk en insektebeten wrijft u de plekken in met een muntblaadje.

Bij kinderen werd vroeger de hoofdhuid ingewreven met munt om luizen weg te houden.

Veel gerechten worden lekkerder als er munt wordt toegevoegd. De Engelse mintsaus die vaak bij schapevlees
wordt gebruikt is beroemd. Ook bij andere vleessoorten
smaakt het volgende muntsausje lekker. Een aantal krui-
zemuntblaadjes goed fijn maken en er een lepel basterd-
suiker en wat citroensap of azijn aan toevoegen.

De munt in het sausje maakt het eten lichter verteerbaar.

Munt is ook lekker en gezond in jams en geleien, in
groentesoep, in salades, bij gevogelte en wild en bij aardappelen en groenten.

De zonnebloem

In ons land wordt de zonnebloem bijna alleen als sierplant gekweekt, maar sommige mensen houden er ook
wel een veldje zonnebloemen op na. Enkele soorten kunnen een formidabele hoogte bereiken. Bij ons in de streek
worden vaak wedstrijden gehouden wie de grootste zonnebloem kweekt. De regionale bladen publiceren regelmatig over de stand van de wedstrijd en dat geeft weer extra aandacht voor de natuur.

De bloem wordt vaak ge-
droogd voor de zonnepit-
ten. Maar ook de andere
delen van de plant kunnen
goed gebruikt worden. De
bladeren zijn prima voor
konijne- en geitevoer en de
stengels kunnen tot vee-
voer worden verwerkt.

Om zonnebloempitten te
winnen, moeten de pitten eerst helemaal rijp zijn. Dat
kunt u eenvoudig waarnemen aan de belangstelling van
de vogels. Snijd de bloem met een klein stukje stengel af
en leg hem te drogen op een oude krant, het liefst in het
licht. Bijvoorbeeld op zolder bij een raam. Als de zaden
goed droog zijn, vallen de meeste vanzelf uit de bloem en
de rest wrijft u er af.

Aan de pitten hebt u een lekker en gezond knabbel-
nootje, dat veel vitamine B bevat en rijk is aan eiwit en

13

kalk. U kunt de pitten ook roosteren in een beetje olie.

De vogels zijn dol op de zonnebloempitten. Vooral 's winters doet u ze er een groot plezier mee. Veel voeders uit de dierenwinkel bevatten trouwens ook zonnebloempitten.

Als u het volgende jaar weer zonnebloemen wilt hebben, moet u uw laatste pitten droog bewaren en rond half mei weer in de grond stoppen. Leg de pitten ongeveer een centimeter diep.

Zonnebloemen worden in wat warmere streken ook als landbouwgewas geteeld. Vooral in Frankrijk zien we hele velden zonnebloemen. De plant heet daar tournesol ('draait naar de zon') en wordt er geteeld om zonnebloemolie uit de pitten te persen. Als de zaden rijp zijn, wordt er geoogst met grote machines die de pitten verzamelen en de rest van de planten gehakseld over het land verspreiden. Het haksel dient als mest.

Zonnebloemolie is ook bij ons bekend als een heel goede plantaardige spijsolie. Het is een prima middel tegen kriebelhoest. Gewoon een paar druppels op een theelepeltje en dan in de keel laten lopen.

14

De fuchsia

De fuchsia is als kamerplant en als tuinplant bekend. Zij is er in veel kleurvarianten en in verschillende vormen. De hele zomer geeft de fuchsia een overvloed van bel- of klokvormige bloemen. Als u steeds de uitgebloeide bloemen verwijdert, wordt de bloei nog meer gestimuleerd. Bemest de plant regelmatig.

Vermeerdering van de fuchsia geschiedt door zaad, stek of afleggers. Bij de winterharde soort maakt men meestal gebruik van afleggers. U kunt dat ook eenvoudig zelf doen. Buig een twijg naar de aarde en bedek deze met grond. Op de plek waar de twijg in de grond zit, gaat hij wortelen. Als de twijg beworteld is, snijdt u hem dicht bij de oude plant af en u hebt een nieuwe fuchsiaplant.

Niet-winterharde soorten zijn over te houden als u ze terugsnoeit en op een vorstvrije plaats bewaart.

Op het platteland was vroeger voornamelijk een fuchsia bekend met rode schutblaadjes en een paarse rok.

Als kinderen verzamelden we de afgevallen bloemen om er kleurstof voor het verven uit te persen. We gebruikten niet alleen de bloem van de fuchsia voor het paars, maar ook klaprozen om rode verf te maken en de buitenste bloemblaadjes van de zonnebloem voor gele verf. Ook van het sap uit andere planten, als uien, bieten en spinazie kreeg je mooie kleuren met een aquarelachtig effect.

Tussen vochtopnemend papier zijn fuchsiabloemen met een warme strijkbout droog en plat te strijken. En als je de bloempjes eerst uit elkaar haalt en dan platstrijkt, kun je er leuke figuren voor zelfgemaakte wenskaarten mee maken.

Fuchsia's hebben ook geneeskracht. Een goede bloedsomloop wordt bevorderd door het af en toe eten van een fuchsiablad. De takjes kunnen ook gedroogd worden en in een trommeltje of gesloten fles worden bewaard. Vers zijn ze echter het gezondst.

Een paar bloemen of blaadjes in een theekopje, er kokend water opgieten en u hebt een goed medicijn. Het is niet precies te zeggen hoeveel gram, want dat is per persoon en per klacht verschillend. Maar ongeveer tien gram op een kopje water is goed tegen darmontsteking en bij een moeilijke menstruatie. Warm opdrinken.

Ook kippen zijn blij als ze af en toe van de fuchsia kunnen pikken. Afgevallen, nog verse bloemen gooit u zo in het kippenhok. De kippen vinden ze wel. Voor eieren met een fuchsiakleur hoeft u niet bang te zijn.

Onthoud dat een fuchsia meer is dan een prachtig bloeiende sierplant.

De kastanje

Een kastanjeboom is niet alleen een sieraad in het landschap, maar kan door blad en vruchten te gebruiken, goede diensten bewijzen.

Als u zelf een kastanjeboom wilt kweken, stopt u een rijpe kastanje ongeveer tien centimeter diep in de grond. Het volgende jaar is er al een snelle ontwikkeling te zien. Haal de zijscheuten steeds zorgvuldig weg, want anders krijgt u een kastanjestruik, die weliswaar ook heel decoratief is, maar die een nog grotere oppervlakte in beslag neemt dan een kastanjeboom.

De kastanje bloeit elk voorjaar met witte, rose of rode rechtopstaande pluimen, die van een afstand wel iets van een kaars weg hebben. In de zomer zitten de zaden in dikke groene bolsters tussen de bladeren. In het najaar zijn de kastanjes rijp en dan springen de bolsters open. Op de grond vindt u dan de zaden die zo mooi van tint zijn dat er zelfs een kleur naar genoemd is: kastanjebruin.

Ieder jaar weer zijn de kinderen gefascineerd door de kastanje. Ze kunnen haast niet wachten tot de kastanjes vanzelf uit de boom vallen. De jeugd maakt allerlei speelgoed dat verandert met de tijd waarin zij opgroeit. Vroeger regen ze paardetomen en maakten pijpjes en tweewielige karretjes. Later werden het asbakjes, bloemenmandjes en auto's en nu worden er satellieten en ruimteschepen van gebouwd.

Oudere mensen vertellen dat een kastanje in de zak goed is tegen reuma en steenpuisten. In Assen hoorde ik dat in Drenthe ook een kastanje wordt meegedragen tegen kiespijn. Met overtuiging wordt beweerd dat een kastanje tussen de kleren voor allerhande klachten uitkomst geeft.

Mijn grootvader had ook altijd een kastanje in de broekzak. Elk najaar een verse en hij heeft nooit last van reuma gehad.

Een slinger aaneengeregen kastanjes in de klerenkast houdt de motten weg. Hiervoor kunt u trouwens ook een handvol gedroogd blad gebruiken.

De kracht van kastanjebomen is zo groot dat paarden die in een wei lopen waarin een kastanje staat, mooier en sterker worden. Hoogstwaarschijnlijk noemt men de kastanje daarom ook wel paardekastanje. De stoffen in de kastanjeboom werken op spieren en bloed, vandaar de gunstige invloed op de paarden.

Voor mensen worden er medicijnen van gemaakt voor spataderen, aambeien en menstruatieklachten. De medicijnen zijn te koop onder de naam Aesculus (de Latijnse naam voor kastanje) of *Aesculaforce*.

Een kastanjepuree helpt goed tegen een droge huid en winterhanden en -voeten. Kook ongeveer tien kastanjes een half uur, pel ze en maak er samen met het weer opgewarmde kooknat een puree van. Hiermee wrijft u de huid in. Zelf doe ik er een scheutje zonnebloemolie bij of nog liever johanneskruidolie. (Johanneskruidolie wordt ge-

maakt van het st. janskruid of in het Latijn hypericum.)
Maak niet teveel kastanjepuree tegelijk, want er zit geen
conserveringsmiddel in.

Tegen paardekoliek geeft men de paarden een paar
handen kastanjepuree door het voer.

Kastanjes zijn ook best konijnevoer. Gekookt en ge-
peld bij het voer geven.

Kastanjes die in het najaar gedroogd zijn, blijven tot de
volgende oogst goed. Naarmate ze ouder worden moeten
ze een nacht, een dag of langer geweekt worden. Zet ze
net onder water en kook ze in het weekwater.

Het binnenste van de kastanje is ook prima waspoeder.
Een lepel vol is voldoende om vijf kilo linnengoed helder
wit te krijgen.

Een mevrouw die onze televisie-uitzending over de kastanje gezien had, had een mooie witte zakdoek met een
gele vlek die er niet uit ging in de was. Ze knoopte een
kastanje in de zakdoek en draaide die gewoon mee in de
wasmachine. De gele vlek verdween en de hele was werd
hagelwit. Vuile handen worden ook schoon door ze in te
wrijven met kastanjepuree.

Zo kunnen kastanjes altijd te pas komen.

Kamille

Wuivend in zachte voorjaarswind
Staat stevig het groeiende koren
Laag, aan de voet een nieuw leven begint
Schuchter, kruipend haast in de voren.

Hoger en hoger steeds 't koren wast
En mee groeit met vaste wille
Zich diep bewust dat nederigheid past
Aan de rand van de akker, kamille.

De bezitter van de vruchtbare grond
Gaat over de landen al keurend
Trots op zijn graan dat zo stevig al stond
Merkt niets van de kamille zacht geurend.

Het koren wordt rijp en dankbaar gemaaid
Maar hij die het zigt daar hanteerde
Is juist om de kamille nog heen gedraaid
dat bloeiend naar de zon zich keerde.

't Bloeide en geurde en rekte zich uit
Al was 't klein in de schaduw begonnen
Een vrouwtje kwam langs en plukte het kruid
En dacht: Ik heb gezondheid gewonnen.

De boer die op de kamille niet eens had gelet
Toen hij het koren tot garve bond
Heeft van de kamille thee gezet
Toen hij hevige pijn had in zijn mond.

Dat voorval heeft mij aan het denken gebracht
Van koren dat men zorgvuldig bij elkander bond
Werd van het begin af niet anders verwacht
Dan voedsel te zijn, heel gezond.

De kamille, als onkruid beslaand de grond
Was net als het koren de boer ook tot nut
Het maakte zijn mond weer gezond
Om het koren te eten, waar hij krachten uit put.

Laat mij als de kleine kamille maar staan
Aan de vruchtbare garvevoet
Die, al ziet men mij meestal niet aan
U toch tot hulp ontmoet.

De kamille is een plant met een goede uitstraling en is zeker deze lofzang waard. De plant is niet te missen, van een
afstand ruikt u al de kamillegeur. Een ander duidelijk her-
kenningspunt is de gele halfronde tot kegelvormige, van
binnen holle, bloembodem (het hartje), die omgeven is
met witte lintbloemen die al gauw ver teruggeslagen zijn.

Vóór de uitvinding van de vlooienband hield men deze
springbeestjes weg met gedroogde kamille. Men deed bijvoorbeeld een handje gedroogde kamille in het kussen in
de hondemand.
   Ook in bed werd de gedroogde plant toegepast. Als ma-
trasvulling werkt het tegen reuma.
   Kamille is op meer manieren toe te passen: als thee of
aftreksel, als stoombad of als kompres.

Kamille levert een erkend middel om blond haar prachtig
goudkleurig te houden of te krijgen. Trek een paar flinke

lepels vol kamillebloemen in een liter water en gebruik het na het haarwassen als laatste spoelwater. Daarna niet uitspoelen.

Als het haar in slechte staat is, trek dan een paar lepels kamille in zo weinig heet water dat ze net onderstaat, af laten koelen, uitknijpen en zeven. Vermeng het vocht met een even grote hoeveelheid zonnebloemolie. Met dit mengsel masseert u elke dag de hoofdhuid. Dun opbrengen.

Voor een algemene conditieverbetering, maar ook als je 's morgens niet fit bent om op te staan, is een rolkuur aan te bevelen. Het is heel eenvoudig, probeer het maar eens. 's Avonds neemt u een thermosfles met warme kamillethee mee naar bed. De volgende ochtend drinkt u daar langzaam, slokje voor slokje, een kop vol van op. Dan gaat u vijf minuten ontspannen op de rug liggen, daarna een slagje draaien en vijf minuten op de rechterzij, dan vijf minuten op de buik en tenslotte vijf minuten op de linkerzij. Goed blijven ontspannen. Deze rolkuur werkt heel goed voor overgevoelige mensen, die allerlei pijnen met rusteloosheid hebben. Bloedaandrang naar het hoofd neemt af en geestelijke inspanning is beter op te vangen.

Een aftreksel van kamillebloemen helpt tegen buikpijn, het werkt ook licht laxerend, het helpt bij nerveuze spanningen en ook bij blaasontsteking, verwijde bloedvaten en reumatiek.

22

Kamillethee is goed bij allergieën en ontstekingen. Algemeen bekend is het spoelen bij kiespijn, maar na het spoelen kunt u het gewoon doorslikken. Kamillethee maakt u van twee lepels gedroogde of drie lepels verse bloemhoofdjes op één liter water. Kokend water op de kamille en tien minuten laten trekken. Enkele malen per dag een kopje ervan drinken.

Ook in bad is kamille een fijn kruid. Het houdt de huid soepel en is goed bij huidkwalen, steenpuisten, bindvliesontsteking, aambeien, oorpijn en kramp.

De eik

Al eeuwen kent men de eik speciale krachten toe. Bij de Germanen was de eik een heilige boom, waaronder de priesters recht spraken en waar offers werden gebracht. In maanlichte nachten werden er toverdranken en soms ook wel goede kruidendranken gekookt.

Stel je zo'n plek met zo'n machtige eik voor. De mannen van de nederzetting rond een groot vuur met een pot erboven. De ketel is gevuld met eikeschors en bronwater. De priester draait zeven keer rechtsom in de pot, dan zeven maal linksom, want zeven gold als een heilig getal. Voor nog meer kracht wordt er zeven maal zeven keer gedraaid.

Van het eikeblad maakten de Germanen overwinnings-kransen. Zo ging de kracht van de eik over op de overwinnaar.

Omdat men dacht dat de goden in de eik huisden, maakte men er, in de tijd dat er schepen kwamen, eikehouten boegbeelden van. Op deze manier zouden de goden bescherming tijdens de vaart kunnen geven.

In de meubelmakerij wordt veel eikehout gebruikt. Ook de waterbouwkundigen maakten vaak gebruik van het sterke hout. Van iemand die nooit ziek is, wordt wel gezegd 'hij is zo sterk als een eik!'

Eikels zijn een prima voedsel voor varkens en wild.

Kinderen zijn vaak creatief bezig met eikels, maar ook met eikeblad zijn leuke dingen te doen. Het blad is mooi voor decoratie, een afgewaaid takje staat goed in een vaas chrysanten, van platgestreken bladeren is een wandversiering te maken. Het eikeblad kan op allerlei materialen worden overgetrokken en van vilt of een andere stof maakt u er een leuke applicatie van.

Tot ver in de winter ligt eikeblad onder de bomen. Van dit blad kunt u een goed middel maken tegen winterhanden en -voeten. Laat veertig gram droog eikeblad trekken op twee liter heet water. Als het klaar is, kunt u gerust zoveel water toevoegen als u nodig hebt voor een hand- en voetbad. Dagelijks herhalen. U hoeft niet steeds opnieuw het aftreksel te maken; het kan best twee keer gebruikt worden.

Het eikeblad-aftreksel is ook goed tegen aambeien. Het stilt de pijn, neemt de druk weg op de plaats van de aandoening en stelpt de bloedingen. Het spreekt vanzelf dat u voor dit doel schoon blad neemt en het aftreksel zorgvuldig zeeft voordat u het toevoegt aan het water in een zitbad.

Drogisten verkopen eikeschorspoeder dat als het gekookt wordt, helpt tegen zweetvoeten. U kunt er ook eikethee van zetten. Diarree wordt gestopt door steeds een klein beetje van deze thee te drinken.

Blaartjes in de mond verdwijnen door het spoelen met

eikethee. Wonden trekken dicht als u omslagen met aftreksel van eikeschors gebruikt.

Bij een schildkliervergroting gebruikt men 's nachts een omslag met eikeschorsnat, met een droge doek er over heen. Eikeschorsnat, goed gezeefd, toegevoegd aan het badwater werkt goed tegen ontsteking van de vrouwelijke geslachtsorganen.

Bij baarmoederontsteking is het volgende recept goed bruikbaar. Honderd gram schoon en droog eikeblad een uur zachtjes laten trekken in twee liter water. Het blad er weer zorgvuldig uitzeven en een paar maal daags de ontsteking afwassen.

Eikeblad-aftreksel is ook goed tegen roos. Doop de vingers in een kommetje van het aftreksel en ga er af en toe mee door het haar. Het helpt echt!

Van eikels werd en wordt nog wel eikelkoffie gemaakt. Voor kinderen maakte men vroeger eikelcacao, met melk klaargemaakt lekker en ook nog eens goed tegen bloedarmoede.

Jeneverbes

De Latijnse naam van deze struik is juniperus. Dat komt waarschijnlijk van junior (jongste of jongere) en pario (verschijnen), omdat de jonge groene vruchtjes al verschijnen als de oude, bijna zwarte, nog aan de struik zitten. Bij ons heet de struik jeneverbes, omdat men de bessen gebruikt bij het stoken van jenever.

Er is echter heel wat meer mee te doen. Deze struik is één van de weinige planten die helpt tegen virusziekten. Lang voordat men het woord virus kende, wist men al van de geweldig sterke zuiverende kracht van deze plant. Het was dan ook een heilig en vereerd kruid. Bij de Germanen moest ieder die er langs ging het hoofd ontbloten.

Takken en bessen van de struik werden gebruikt om de onzuivere, vol ziektekiemen zittende lucht uit huizen en stallen te verdrijven. De jeneverbes hoorde ook bij de heilige kruiden die de pest verdreven.

Bijna alle bessen zijn in het najaar rijp, maar onze jeneverbes doet er drie jaar over. In het eerste jaar is er de bloei en bestuiving, het tweede jaar de bevruchting en

ontwikkeling van de groene vrucht en in het derde jaar ontstaat de donkere kleur en zijn de bessen rijp. De jeneverbes is dan ook geen echte bes, maar een uit drie vergroeide vlezige zaadschubben gevormde schijnbes.

De bessen zijn bij de drogist te koop.

Sommige reumalijders hebben goed baat bij een kuur met jeneverbessen. De kuur begint met de eerste dag één bes te eten (flink fijnkauwen) en vervolgens elke volgende dag één meer. Dat gaat door tot vijftien bessen op de vijftiende dag en dan wordt de kuur afgebouwd door elke dag een bes minder te nemen. Er zijn gevallen bekend dat de reuma dan helemaal over was.

Jeneverbessen hebben een urineverdrijvend effect, dat direct inwerkt op het nierweefsel en jicht en reuma verdrijft. De bessen zijn krachtig, pas dus op met hoge doseringen. Als u niet zeker bent, neem dan liever een goed preparaat van uw drogist.

De zuiverende werking van jeneverbessen werkt ook op de luchtwegen en geeft verlichting bij bronchitis, astma en hoesten.

In ons land is de jeneverbes zeldzaam geworden. Hij hoort tot de beschermde planten. Wie er zelf één opkweekt, kan de plant naar eigen inzicht gebruiken.

Wij hebben drie jeneverbessen in de tuin. Het is alweer jaren geleden dat ik voor een dame een mooie feestjapon voor haar huwelijksjubileum maakte. De dag voor het feest kwam haar man in treurige stemming bij ons. Het feest kon niet doorgaan, want zijn vrouw was die nacht ziek geworden. De dokter had een zware griep geconstateerd.

Ik gaf de man wat jeneverbestakjes mee om er een aftreksel van te maken en dat in het badwater te gebruiken. Na het nemen van het bad herstelde de vrouw heel snel en het feest kon doorgaan.

Dat is mij altijd bijgebleven als de extra sterke werking van deze struik.

Voor een aftreksel van je- neverbessen gebruikt u ze-ven tot tien bessen op een liter kokend water. Een kwartier laten trekken. Als het aftreksel koud bereid wordt, is de werking nog krachtiger. Twee koppen koud water op twee theele-peltjes rijpe bessen, een nacht laten staan en verdeeld over de dag met kleine slok-jes tegelijk opdrinken.

Denk niet te licht over de grote kracht die de Schepper aan deze kleine bessen heeft meegegeven.

Het neusje

Verstopping in het hoofd is de oorzaak van veel ziekten en kwaaltjes. Omdat de neus in het middelpunt staat, spreek ik altijd over 'het neussie' als het over dit type klachten gaat.

Waar die verstopping in het hoofd ook zit, het belemmert een goede doorbloeding en dat betekent een overbelasting van hart en bloedvaten. Het is geen wonder dat er dan klachten komen. Tijdens het eten moet men naar lucht happen en speekselklieren en maagsappen kunnen zo niet goed samenwerken. Dat geeft eerst een gespannen gevoel in de buik, die te dik gaat worden. Het vervolg is opboeren, wind in de darmen en last van maagzuur.

Dat geeft weer dove vingers en koude voeten en trekkingen door armen en benen als men in bed ligt.

Er ontstaat moeheid. Bij het televisiekijken, lezen of handwerken gaat men al gauw in de ogen wrijven. Eerst zachtjes als een vriendelijk katje, maar later harder als een oude kater, want dan gaan de oren ook jeuken.

Het haar wil niet meer goed zitten of valt uit.

De patiënt heeft pijn die vanuit de nek uitstraalt naar de armen, later ook zere knieën.

De nieren kunnen de afvalstoffen niet meer aan. Eerst is er een dof gevoel in de nierstreek, later pijn. Vaak trekt de pijn vanuit de zwakste nier door de heup in het been en door de lies richting blaas.

Het lichaam kan te veel urinezuur krijgen en dat geeft reumabulten, die meestal het eerst op de tenen en aan de voorkant van de grote teen ontstaan.

Wil men dit complexe geheel aan klachten en pijnen bestrijden, dan zijn meerdere middelen nodig. Hier volgen diverse kruidenpreparaten die vaak heel goede resultaten geven. De door de firma's op de verpakking vermelde gegevens laat ik buiten beschouwing.

Ik pas zelf de volgende recepten en doseringen toe.

Ortitruw of *Echinaforce*.
Per dag vier keer tien druppels in wat water oplossen.
Spoelen in de mond en doorslikken. Verder vier maal per dag een paar druppels op een dubbel stukje zacht papier doen, daar een puntje aan draaien, in de neus steken en op-

snuiven zolang er nog geur aan is. Het ene neusgat is meestal meer verstopt dan het andere. Begin het opsnuiven in het meest verstopte neusgat. *Ortitruw* en *Echinaforce* werken tegen een verstopte neus, hoofdpijn, blaartjes in de mond, slechte reuk en smaak en verstopte oren. Goed opsnuiven verdrijft ook het snurken.

Arnika Truw en *Lecithine Plus* gebruikt u om de klachten vanuit de maag (koude voeten, maagzuur, enz.) op te heffen.

Voor elke broodmaaltijd een capsule *Lecithine Plus* en voor de warme maaltijd twee capsules. De capsules neemt u in met water waarin u vijf druppels *Arnika Truw* doet en tien druppels *Urotruw*. *Urotruw* werkt goed op de afscheiding en lozing van de urine en verhelpt zo de nierklachten.

31

Urticalcin verjaagt de vermoeidheid en jeukende ogen en oren, verbetert de haar- en nagelgroei en gaat ontkalking tegen. *Urticalcin* maakt het bloed weer zuiver. Na elke maaltijd vier tabletjes in de mond laten smelten.

Choltruw gebruikt u met *Ortitruw* en *Petasites complex* tegen migraine. *Choltruw* geneest de lever die verantwoordelijk is voor de druk achter de ogen wat de hevige hoofdpijn veroorzaakt. Migraineklachten verdwijnen door het gebruik van *Ortitruw*, zoals hiervoor aangegeven, én voor elke maaltijd vijf druppels *Choltruw* en tien druppels *Petasites complex*.

* De genoemde middelen zijn over het algemeen verkrijgbaar bij een goede drogist, bij verschillende reformzaken en bij diverse natuurgenezers. Ik koop zelf deze medicijnen altijd bij drogisterij Poortenaar, Oudestraat 134, 8261 CX Kampen. Deze drogist heeft dus zeker de genoemde middelen in huis.

Voor verkoopadressen van de 'Truw'-middelen elders in het land kunt u bellen met de fa. Pardes Rimonim in Beverwijk, tel. (02510)-10005.

Vlinders

Tegenwoordig zien we lang niet meer zo veel vlinders als vroeger. In een tuin vol bloeiende bloemen is soms zelfs geen vlinder te bekennen. Dat is een teken dat er iets goed fout is, want vlinders horen bij bloemen.

De vlinders zijn de mooiste en meest bekende insekten, vaak opvallend door hun kleurenpracht. Buitengewoon boeiend is het proces van volledige gedaanteverwisseling: ei – rups – pop – vlinder.

Elke vlindersoort heeft bepaalde eigen planten, waarvan ze met hun roltong de nectar uit de bloemen zuigen, én eigen planten om eitjes op te leggen. Uit de eitjes komen rupsen die zich met de plant voeden en zich verpoppen. Uit de pop komt de nieuwe vlinder voort. Zo hernieuwt de vlinderstand zich steeds naar vaste regels. Voorwaarde is wel dat er geschikte planten voor de vlinders zijn.

Een heel bekende vlinder in onze tuinen is de atalanta, die ook wel schoenlapper, admiraalvlinder of nummervlinder wordt genoemd. Maar onze atalanta moet wel brandnetelplanten kunnen vinden om haar eitjes aan de onderzijde van de bladeren af te kunnen zetten. En waar zijn nog flinke, schone brandnetelpollen?

Bij geschikte omstandigheden legt de vlinder twee- tot driemaal per jaar eitjes.

De atalanta is een trekvlinder. De sterksten trekken voor de winter weg en vliegen helemaal naar Afrika. Ze hebben een vaste trekroute, net als trekvogels. Die lange reis, die helemaal over de Alpen gaat, duurt een paar weken. Veel vlinders komen om op die lange tocht. In Afrika is het warm als de vlinders daar aankomen. Ze zoeken daar ook weer geschikte planten voor hun eitjes. De nieuwe generatie vliegt weer naar onze streken als het bij ons voorjaar is en plant zich hier weer voort. Is het geen wonder?

Een vlinder eet haast niet, ze zuigt alleen nectar en leeft verder van het voedsel dat de rups opgepeuzeld heeft. Vliegend van bloem tot bloem werkt een vlinder aan de bestuiving en zo aan de instandhouding van de plantensoort.

Door veranderde landbouwmethoden verdwenen veel planten en daarmee vlinders. Door het verkeer verongelukken ook veel exemplaren. Van de 75 dagvlindersoorten in ons land zijn er al 15 helemaal uitgestorven en 20 soorten worden ernstig bedreigd in hun voortbestaan.

Daarom is de Vlinderstichting opgericht. De Vlinderstichting laat niet alleen zien wat er mis is, maar geeft ook aan wat er moet gebeuren om vlinders terug te krijgen en hun 'eigen' planten te behouden.

De Vlinderstichting heeft het jaar 1989 uitgeroepen tot vlinderjaar. Nu dat jaar voorbij is, mag de aandacht voor onze vlinders niet meer verslappen. Vlindervriendelijke planten moeten worden geplant en vlindervriendelijke zaden moeten worden gezaaid.

Vlinders hebben we nodig in ons milieu en daarom moeten struiken als buddleia, sleedoorn en liguster in tuinen en openbaar groen worden aangeplant. Phloxen, kattekruid, kattestaart, anjers, duizendschoon en herfstasters zijn soorten die ook graag door vlinders worden bezocht.

Bermen moeten eigenlijk niet zo maar achter elkaar gemaaid worden, want dan zijn de vlinders ineens hun nectarplanten kwijt en zonder dit drinken zullen ze sterven. Met de hand maaien kan in natuurterreinen veel eitjes, rupsen en poppen sparen. Eigenlijk zou een deel van de plantengroei een jaar of een paar jaar moeten blijven staan. En dat niet alleen voor de vlinders, maar ook voor andere insekten en vogels.

Iedereen moet meedenken over het behouden van de vlinders. Want daarmee houden we de schepping leefbaar!

* Vlinderstichting
  Grintweg 273
  6700 AM WAGENINGEN
  Tel. (08370)-18419

* Het Noorder Dierenpark in Emmen heeft een schitterende vlindertuin, die zeker een bezoek waard is. Tel. (05910)-42040.

35

Hulst

Bijna iedereen kent wel de hulst. Deze struik komt vooral in het oosten van ons land in het wild voor. In veel tuinen en parken is deze groenblijvende plant met zijn opvallende rode bessen ook te zien.

De struik is niet alleen decoratief, maar bezit ook veel geneeskracht.

Hulst behoort bij de vanouds bekende 'heilige' planten en vanwege zijn diepgroene, glanzende en stevige bladeren werd het een symbool voor een lang leven. In oude tijden gaf men een zieke een bosje hulst.

Omdat hulst zulke mooie rode bessen heeft, die overigens giftig zijn, werd de struik in heidense tijden aan de zon gewijd. De bessen deden aan de zon denken die rood door de nevels scheen.

Op het zonnewendefeest werden hulsttakken rondgedragen en aan de zon geofferd.

De hulst was zo mooi dat hij later bij het kerstfeest ook steeds in gebruik is gebleven. De symboliek van een lang en gelukkig leven is ook terug te vinden op nieuwjaarskaarten met afbeeldingen van hulst. Ook de hulstkrans wijst hierop, waarbij de kransvorm – zonder begin en eind – staat voor 'eeuwigheid'.

In onze tijd zien we rond de kerstdagen chocolade hulstblaadjes met een rood besje. Ze zijn er zelfs in zilver- en goudkleur. Hiermee wenst men elkaar goud en zilver, rijkdom dus.

Om deze symbolische waarde van hulst, en omdat de helderrode bessen zo fris bij het groene blad staan, maakt men ook sinds jaar en dag allerlei voorwerpen met hulst- afbeeldingen.

Hebt u hulst gekocht of geknipt van eigen struik, dan kunt u de takken langer mooi houden in het verwarmde huis door de stelen even in heet water te houden voor u ze in de vaas zet.

Begint de hulst (en ook snijbloemen) er wat verlept uit te zien, dan helpt een aspirientje in de vaas heel goed. U ziet de takken of bloemen zo weer opfleuren. Hulst blijft ook mooi op water waar een beetje zout in zit. Uw kamer- planten zijn dankbaar voor gietwater waarin wat hulst- blaadjes geweekt zijn. 's Avonds doet u een paar hulst- blaadjes in uw bloemengieter en de volgende dag hebt u een prima medicijn voor de kamerplanten.

Op verschillende manie- ren kunt u hulst als versie- ring in huis gebruiken, bijv. als schaal- of tafelver- siering. Ook kan de kerst- pudding met hulstblaadjes versierd worden. Gebruik de bessen niet, want ze zijn giftig.

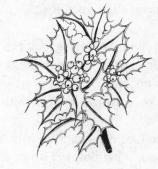

Een leuk fotolijstje maakt u van aaneengeregen hulstblaadjes die iets over elkaar vallen. Op den duur worden de blaadjes leerachtig bruin.

De geneeskracht van hulst kan benut worden door er thee van te zetten. Dat kan met vers materiaal, maar ook van gedroogde of halfdroge blaadjes en takjes.

De reinigende werking van de plant verdrijft de onzuivere stoffen uit het lichaam. Hulstthee is goed tegen hoest, jicht, reuma, galkwalen en zwakke spijsverteringsorganen. Een paar weken hulstthee drinken kan veel vuil uit het lichaam opruimen.

Vijftien blaadjes in een halve liter water een poos laten trekken geeft een goed medicijn dat verdeeld over een dag met kleine slokjes wordt opgedronken.

Het makkelijkst is een handvol takjes hulst te nemen en ze goed schoon te boenen. Vergeet de onderkant van de blaadjes niet, want die is vaak erg vuil. De takjes dan flink afspoelen en de blaadjes aan stukken knippen. De takjes er gebroken bij doen en laten trekken in ongeveer drie koffiekoppen water. U hebt dan voor een paar dagen genoeg hulstthee. Laat de thee niet te oud worden.

Een stoombad voor het hoofd boven de hete thee maakt slijm goed los.

In Zuid-Amerika groeit een hulststruik, waarvan medicijnen gemaakt worden die ook in ons land bij de drogist te koop zijn. De plant geeft yerba, dat slijm oplost en goed is voor astma- en bronchitispatiënten.

De Latijnse naam voor hulst is Ilex en onder deze naam vindt u het ook wel bij de drogist.

Bonen

In vroeger tijden waren bonen een zeer belangrijk en veel voorkomend volksvoedsel. Gedroogd of uit inmaakpotten, later ook uit weckflessen hadden de bonen een groot aandeel in de winterkost van de gewone man. Ook nu mogen de bonen in een verstandig samengesteld voedselpakket niet ontbreken, al zijn inmaakpot en weckfles dan achterhaald.

De boon is vrij gemakkelijk te kweken en er zijn verschillende regels om het met meer succes te doen. Zo wordt er wel haar in de voor gelegd waar de pootbonen dan bovenop komen. De mineralen en sporenelementen uit het haar laten de bonen heel goed kiemen.

Op zandgrond – die nogal gauw droog is – voldoet een dikke laag kletsnat krantepapier onder de pootbonen goed. Het krantepapier houdt het vocht vast en vormt ook nog meststof.

Als u de bonen voor het leggen even door een bakje petroleum haalt, voorkomt u vraat van dieren. Slakken zijn dol op jonge boneplanten. U houdt ze op afstand door grof gebroken eierschalen rond de plantjes te strooien.

De bonenoogst wordt overvloediger als u de planten, als ze ongeveer een meter hoog zijn, langs schuin geplaatste stokken of langs touw geleidt. Voor bonestaken kunt u allerlei soorten hout nemen, maar vermijdt essehout, want de plant wil daar niet tegenop klimmen.

Vlinders en bijen stellen de bloemen van de boneplant erg op prijs. Als de bonen in volle bloei staan, kunnen ze een

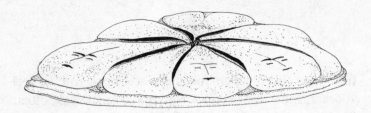

bedwelmende geur hebben. Vandaar dat men van iemand die rare dingen doet, zegt: 'hij is in de bonen'.

Thee van boneschillen is heel goed bij suikerziekte. Kooknat van ongezouten witte bonen vormt een vlekkenmiddel voor alle stoffen.

Sla en knolselderij kunnen best als tussenbeplanting bij stokbonen. Onze boon groeit ook goed naast aardbeien, aardappels, bonekruid, bieten en prei.

Gladiolen hebben een slechte uitwerking op bonen. Vandaar dat de gladiool op sommige volkstuincomplexen zelfs verboden is. Bonen en erwten gaan ook niet samen, er komen dan weinig vruchten in.

Bonen worden gegeten als groente naast aardappels, als soep, in de karnemelksepap en ook als hoofdmaaltijd.

Vroeger zong men een schalks lied:
> Als hier een pot met bonen stond en daar een jonge meid,
> dan wist ik wat ik kiezen zou, de bonen of de meid.
> Ik zou de bonen laten staan
> en met de meid naar bed toe gaan.

Voor 6 januari, Driekonin-
gen, werd een brood gebakken, zo groot als men voor
het ontbijt nodig had. Men
bakte er een boon in en wie
de boon had, mocht de hele
dag koning zijn. In grote
gezinnen zelfs drie bonen,
dan waren er drie konin-
gen. 's Avonds mochten de
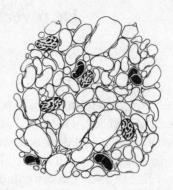
kinderen met de ster gaan zingen langs de huizen om snoep
of geld in te zamelen, maar ook bonen. In Groningerland,
waar veel bonen verbouwd werden en in Drenthe zongen
de kinderen:

Drie koningen, drie koningen,
mijn moeder komt van Groningen,
mijn vader van de hei,
armoe hebben ze allebei.
Daarom kom ik nu vragen,
of ik boontjes mee mag dragen.
Geef mij een nap vol bonen
en God zal 't u zeker lonen.

Stokbonen moeten zorgvuldig geleid worden en oude
Peter maakte daar een wijze levensles van.
Hij zei: 'Een mens is net als een stokboon. Hij moet goede leiding hebben en die leiding willen aanvaarden. Anders gaat het net als met een stokboon zonder goede leiding naar boven. Het kopje komt op de grond in de mod-
der; er komt geen vrucht aan. Alleen de groei naar Boven
gericht geeft een vruchtbaar en rijk gezegend leven.'

De toverhazelaar

Hamamelis Virginiana is een struik die van oorsprong in Amerika groeit. De Amerikaanse indianen kenden al de geneeskracht van deze bijzondere struik.

In ons land wordt de struik voor tuinen en parken gekweekt. Ik kwam in een tuinboek een wel heel bijzondere opmerking tegen: geschikt voor industrieterrein, de struik kan tegen luchtvervuiling.

De toverhazelaar kan best tegen wat schaduw. In onze tuin staat hij gedeeltelijk onder een pereboom en ieder jaar bloeit hij in de wintermaanden overvloedig. Aan de grond stelt deze struik geen bijzondere eisen.

De geneeskracht van deze plant is zo groot dat de indianen er toverkracht aan toeschreven. Mogelijk dat daar de naam toverhazelaar vandaan komt.

Er is nog een lezing voor de verklaring van de naam toverhazelaar en die heeft te maken met de bloei. Als één van de weinige struiken bloeit de toverhazelaar in de winter. Op een zachte winterochtend gaan ineens uitbundig de heldergele bloempjes open. Net of de takken met een toverstaf zijn aangeraakt. Goudspinnetjes noemt men de bloempjes wel en ze lijken echt op spinnetjes van goud, die ons in de winter geluk en gezondheid willen brengen.

Als ik de toverhazelaar zie bloeien, voel ik me echt gelukkig.

Het blad van de hamamelis kan op verschillende manieren en voor vele doeleinden worden toegepast. U plukt in de voorzomer wat blad van de struik en droogt dat buiten zo snel mogelijk. Daarmee heeft u een voorraadje voor het hele jaar. Vers gebruiken kan natuurlijk ook.

Van het blad maakt u hamamelisthee, hamamelismelk of hamameliskompres.

De thee wordt gemaakt door ongeveer vijf blaadjes een kwartier te laten trekken in 2 kopjes water. In de loop van de dag bij slokjes verdeeld opdrinken. Deze thee helpt tegen spataders.

Hamamelismelk is goed voor de ogen als die ontstoken zijn. Een paar blaadjes, die heel goed schoon zijn, in een kopje melk laten trekken en hier af en toe de ontstoken ogen mee wassen of deppen.

Een hamameliskompres maakt u van een handvol goed gewassen blad dat u met een paar kopjes gekookt water 10 minuten laat sudderen. Daarna zeven en schone lappen erin drenken. De lappen bindt u op schaafwonden, kneuzingen en verzwikkingen. Ook werkt zo'n kompres verlichtend op spataders en reumatische plekken.

Hamameliszalf is overal te koop en is uitstekend voor aambeien en schaafwonden.

Walnoten

Een noteboom in de tuin is een prachtig bezit. De stevige goed gevormde boom is een plezier om naar te kijken. De speciale geur van de boom verdrijft muggen. Hierdoor is uw tuinbank onder de noteboom de beste plek om een mooie zomeravond door te brengen. Noteblad voor een raam dat vaak openstaat maakt, dat er minder insekten in huis komen.

De noteboom is geen snelle groeier, maar op den duur kan hij wel 35 meter hoog worden. Ze worden wel 200 jaar oud. Als de boom zo'n jaar of tien oud is, wordt aangeraden de takken een flink pak slaag te geven. Het sap schijnt dan beter onder de schors door te stromen en bloei en vruchtbaarheid worden bevorderd.

Noten horen dan ook niet geplukt, maar afgeslagen te worden.

Wie elke morgen noten eet, stimuleert de lever en daardoor ontstaat een betere darmfunctie.

De tussenschotjes uit de noten kunnen veel verlichting geven aan mensen die pijn in de hartstreek hebben. Ongeveer vijf walnoot-tussenschotten even laten koken, een kwartier laten trekken en het vocht heeft dan een kalmerende, pijnstillende werking die snel merkbaar is. Zulke tussenschotdrankjes zijn heel goed bij kransslagaderverkalking en rokersklachten worden minder. Drink het op de nuchtere maag en na het eerste kopje is de pijn al minder.

Notebladthee is goed tegen suikerziekte, geeft span-
kracht aan spieren, sterkt botten, helpt witte vloed stoppen en helpt mensen die over het verleden tobben daar-
overheen.

Als wormmiddel te gebruiken door een aftreksel te maken van 3 à 4 notebladeren. Drinken op de nuchtere
maag, drie dagen achter elkaar. Herhalen tot de kwaal genezen is. Ook dieren worden wormvrij gemaakt met dit
eenvoudige middel. Een paar druppels van het notebladaftreksel doet u door het eten van hond of kat.

Notebladaftreksel is bloedzuiverend en met honing
goed tegen bloedarmoede. Het vermindert zogafschei-
ding.

Wil men een noteboom in goede conditie houden, laat
dan het blad in de winter liggen, zodat het als bemesting
dienst doet.

Appelbomen staan niet graag bij de sterk uitstralende
noteboom en groenten, tomaten en aardappelen zijn ook
geen vrienden van de noteboom.

Noten zijn heel eiwitrijk en daarmee een goede vervanging voor vlees. Ook heerlijk op en in gebak en in brood. Maar hoe noten ook gegeten worden, heel goed fijnkauwen is een vereiste om de voedingsstoffen van de noot zo goed mogelijk te benutten.

Kringen in hout verdwijnen vaak als u er met het vruchtvlees van de walnoot over wrijft. Van het notehout worden prachtig ingelegde tafels, kasten en schrijnwerk gemaakt. Geweerkolven waren vroeger ook van notehout.

Wist u dat de walnoot – ook wel okkernoot genoemd – prima spijsolie levert en bovendien een goede zonnebrandolie is?

De aardappel

De aardappel is algemeen bekend als goedkoop voedsel dat op veel manieren klaargemaakt kan worden. Deze vertrouwde knollen staan bijna dagelijks op het menu van de meeste Nederlanders.

Naast het bekende gebruik van de aardappel (gekookt, gebakken, patates frites, enz.), zijn er nog vele andere toepassingen op het gebied van het bestrijden van ziekten, kwalen en andere ongemakken.

Ik zal er enkele noemen.

Rauw aardappelsap is een goed middel tegen maagklachten. Het werkt zuiverend en verbetert de spijsvertering, waardoor opboeren vermindert en alleen al hierdoor worden ziekten beter overwonnen. Pijnlijke plekken genezen vaak als ze met rauwe aardappel bestreken worden. Wie elke dag met een stukje aardappel, met de binnenkant van een (schoon) stukje schil kan ook, over een wrat wrijft, ziet die vaak verdwijnen zonder dat ook maar een litteken over blijft.

Moede ogen verbeteren als u een poosje rustig gaat zitten met een plakje aardappel (of geraspte aardappel) op de ogen.

Bij lichte verbranding door aanraking van een heet voorwerp, brengt rauw aardappelsap dadelijk verkoeling. Stip de brandplek voorzichtig aan, zodat het vel er niet afschuift.

Een aardappelkompres (rauw geraspte aardappel in een dunne, dichtgevouwen doek) gebruikt u bij verbranding door de zon.

Duizeligheid door felle zon verdwijnt door dit aardappelkompres op het voorhoofd te binden.

Als u last hebt van pijn in de nek of in de knie, door kou veroorzaakt, dan maakt u vlug een papje van wat van de maaltijd overgebleven aardappelen met een beetje heet water. U vouwt het papje in een dunne doek, die dichtgevouwen wordt. Op de koude plek, een doek of sjaal erover, zodat het lekker warm blijft en dan vlug in bed of in een makkelijke stoel. Na enige tijd kunt u verkwikt weer verder.

Een warm kompres van goed schoon geboende, in de schil gekookte en in wat kooknat fijngestampte aardappelen kan men aanleggen om pijn te stillen, kramp te ontspannen, bij zwellingen en ophoping van vocht, bloeduitstortingen, verstuiking en verrekking, pijnlijke klieren, ontstekingen, bronchitis en astma. Ook te gebruiken bij ischias, jicht, spit, steenpuisten en vetzucht.

Bekende personen als dokter Moerman en Doktor A. Vogel prijzen de aardappel aan als geneesmiddel bij kanker, maagzweer, reuma en soortgelijke ernstige kwalen. De aardappel is geen toverknol, maar kan wel met andere op de kwaal gerichte medicijnen een snellere en vollediger genezing tot stand brengen.

De enorme bruikbaarheid van onze aardappel als voedsel, als medicijn en als hulpmiddel in het huishouden zou moeten leiden tot een veel grotere waardering dan nu het

48

geval is. Trouwens niet alleen de aardappel zelf, maar ook de schillen hebben nog vele toepassingsmogelijkheden.

Aardappelschilwater is een patent middel om vermoeidheid te bestrijden. U gebruikt het aardappelschilwater als hand- en voetbad. Voor het schillen de aardappels goed wassen. Goed heet water, zo uit de boiler of geiser, erop en laten afkoelen tot u er met de handen in kunt. De handen er ongeveer tien minuten in laten. U hoeft daarbij echt niet op de klok te kijken. Gewoon de handen, bij voorkeur gekruist, rustig in het water houden. Bij gekruiste handen komen de polsen gemakkelijker onder water. Juist aan de onderkant van de pols is het vel dun, zodat de geneeskracht van de aardappel beter toegang heeft door de huid naar binnen. Knijp maar in de schillen, dan komen de sappen goed vrij. Als het water te veel is afgekoeld, doet u er een flinke scheut heet water bij en dan gaat u met de voeten erin.

Dit hand- en voetbad zorgt voor een betere doorbloeding en daar hebben veel mensen juist zo'n grote behoefte aan. Heel wat pijnlijke gewrichten zijn al opgeknapt met aardappelschilwater.

U hoeft dit aardappelschilwater niet per se van schillen te maken. Als u niet voldoende schillen hebt, neemt u drie of vier aardappelen, die u met schil en al in kleine stukjes snijdt. Daar doet u heet water op en het geeft hetzelfde resultaat.

Water, waarin geschilde aardappels hebben gestaan kan gebruikt worden voor het haren wassen. Roos verdwijnt ermee. Eelt en likdoorns worden verzacht met aardappelwater en jeuk verdwijnt.

Zijn uw handen na het tuinwerk hard en ruw, wrijf ze dan in met het kruim van een gekookte aardappel. Dan zijn ze weer zacht en u houdt uw handen zacht door ze te wassen in water waarin aardappelen zijn gekookt.

Moet in de winter uw hond door pekel en sneeuw lopen, dan bij thuiskomst dadelijk zijn poten in aardappelwater steken. De eeltkussentjes blijven dan zacht en er ontstaan geen pijnlijke kloven.

Wie geregeld aardappelschillen in de kachel gooit heeft minder vaak de schoorsteenveger nodig, want de verbranding van de schillen werkt reinigend in de schoorsteen.

Voor het wassen van fijn weefsel als zijde en linnen – zonder zeep – gebruikt u water waarin aardappelen zonder zout zijn gekookt. Dit water werkt ook licht stijfselend, zodat het wasgoed ook makkelijk kan worden gestreken.

Wilt u goede mest voor uw planten, zet dan aardappelschillen onder water en laat ze een paar dagen staan. Moet een plant in de tuin gepoot worden waar eigenlijk mest in het plantgat moet en u hebt geen mest voorhanden, dan doet u wat aardappelschillen in het plantgat en u hebt gratis goede mest.

Tenslotte nog een paar aanwijzingen om aardappels te kweken en goed te houden.

Verbouw aardappels slechts eenmaal in de vier jaar op dezelfde plek. Dat vermindert de kans op ziekteverschijnselen. Houd de grond goed los bij de jonge plant om de nieuwe knollen de gelegenheid te geven zich voorspoedig te ontwikkelen.

Zonnebloemen bij een aardappelveld houden de coloradokever weg.

Aardappelen bij kool geplant, laten de kool beter groeien. Vandaar dat men vroeger op de plek waar een aardappel niet was opgekomen, een koolplant zette. Zo kreeg men flinke kolen zonder dat er speciaal land voor beschikbaar moest zijn.

Afrikaantjes en mierikswortelplanten tussen de aardappels voorkomen aardappelziekte. Berken hebben een heel slechte invloed op aardappelplanten.

Groene aardappelen bevatten gifstoffen, net als de uitlopers. Zorg dat deze vernietigd worden. De bessen die aan de aardappelplant komen zijn ook giftig, let dus op met kinderen.

De muizen houdt u bij uw wintervoorraad aardappelen weg door er takjes van de jeneverbes of kruizemunt bij te leggen.

De smaak van oude aardappelen wordt beter als u aan ruim kookwater een heel klein beetje suiker toevoegt. Azijn helpt als er zwarte plekken op de aardappels zitten. Ze worden weer blank als u een scheut azijn in het kookwater doet. De smaak heeft er niet van te lijden.

Azijn in het kookwater bij bevroren aardappels helpt wel iets, maar beter is het om tijdens het koken verschillende keren het kookwater af te gieten en te vervangen door vers kokend water. De zoete smaak van de bevroren aardappel verdwijnt dan. Het afgegoten kookwater gebruikt u voor de hiervoor genoemde doeleinden.

Enkele rijpende appels tussen de wintervoorraad aardappelen houden het ontkiemen tegen.

Peterselie

Peterselie is wel één van de bekendste kruiden. Wie kent het niet als garnering van groenten en salades?

Maar peterselie heeft veel meer kwaliteiten. Het is een kleine plant met groot nut.

 Het zaad van peterselie ontkiemt langzaam. Daarom is het aan te bevelen te zaaien in grond die al door de zon is opgewarmd of in een bloempot binnenshuis. De plantjes hebben graag wat schaduw, maar ze willen niet te veel nattigheid. Zolang u het keukenraam niet op het zuiden hebt, is dat een mooi plekje om wat peterselie te kweken. Bovendien verjaagt dit kruid ook de vliegen.

De frisgroene blaadjes worden vaak als garnering bij mooi opgemaakte schotels gelegd. Daar blijft het vaak liggen, maar het moet mee opgegeten worden, want het is een werkzaam kruid tegen nierklachten en daarmee ook voor bedplassen en waterzucht. Peterselie maakt dat lichaamsfuncties beter werken en dat is heel belangrijk voor de algemene gezondheidstoestand. Het kruid is een bron van vitamine C en van ijzer.

Peterselie kan door de hele tuin gezaaid worden. Het is een kruid met een goede uitstraling. Peterselie bij rozen weert de bladluizen en versterkt de geur van de roos.

De Fransman zegt dat peterselie niet verplant moet worden, want dat werkt net als het onnodig prikkelen van de echtgenote.

Knoflookadem verdwijnt door een takje peterselie goed kauwend op te eten.

Een goed middel om de ogen te deppen maakt u door een paar takjes peterselie in een kopje te doen en met kokend water te overgieten. Als het afgekoeld is, kunt u het gebruiken. Vooral oudere mensen kunnen beter zien als ze hiermee geregeld de ogen deppen. Ook kan de huid gedept worden voor een mooiere teint. Een insektebeet doet geen pijn en jeukt niet als er peterselie op wordt gelegd.

Fijngemaakte peterselie met wat olie en zout helpt tegen tandpijn, door het mengseltje op de tand te leggen. Een opgerold takje peterselie in het oor verjaagt ook tandpijn, maar het vervangt natuurlijk niet het werk van de tandarts.

Tegen hoge bloeddruk driemaal per dag 30 gram peterselie overgieten met 200 gram water. Het aftreksel meteen opdrinken.

Peterselie wordt meestal rauw gegeten, maar bij vis bakt u het even mee. Het is smakelijk in en bij boter, saus, omelet, soep, erwten, wortels en aardappelen. Altijd vlak voor het gebruik op de gerechten strooien.

Een takje peterselie na het eten opkauwen helpt goed tegen het lastige opboeren.

In een glazen potje of plastic zak blijft peterselie wel een week goed in de koelkast. Zelfs nog langer als er wat zout door gemengd wordt.

Peterselie kan ook in de diepvries. Fijnhakken als ze nog bevroren is en meteen op of in het gerecht doen en opeten.

Bij zweren, bijvoorbeeld van een splinter, fijngemaakte peterselie mengen met wat azijn en op de zwerende plek binden. Een paar maal daags vervangen.

Een middel om sproeten te bleken maakt u door 20 gram peterselie een uur te laten trekken in een liter kokend water. Een paar maal per dag de sproeten hiermee deppen. Wie maar een paar hinderlijke sproeten heeft, kan ook aanstippen met rauw sap van de peterselie.

Gekneusde peterselie op de borsten gebonden vermindert de melkafscheiding bij vrouwen.

Bij dieren helpt het ook tegen melkafscheiding door de gekneusde peterselie door het eten en drinken te mengen.

Honden en katten blijven in goede conditie door peterselie of het sap daarvan door hun eten te doen.

Elke dag een takje peterselie aan de konijnen geven, verhoogt hun weerstand. Het vlees van slachtkonijnen wordt er lekkerder door.

Voor papegaaien is peterselie een zwaar vergif, zorg dus dat zij er niet bij kunnen komen.

Een goed middel tegen parasieten is een mengsel van een lepel peterseliezaad, een lepel olijfolie en een lepel petroleum. De aangetaste plekken hiermee twee- of driemaal per dag insmeren.

Melk

Naast het bekende gebruik van melk en daarvan gemaakte produkten als boter en kaas, is van oudsher een enorm aantal toepassingen in de huishouding bekend.

Een aantal van deze toepassingen heb ik hier voor u bij elkaar gezet.

Het bewaren en koken van melk kan wel eens voor wat ongemakken zorgen.

Het zuur worden van melk kunt u tegengaan door een lepel suiker in een liter melk op te lossen.

Melk kookt niet over als u er een klontje boter aan toevoegt. Men smeert ook wel de bovenrand van de pan in met boter. De melk komt dan niet hoger dan de boterrand. U kunt ook een waarschuwingssysteem gebruiken. Doe onderin de melkpan een paar glazen knikkers. Als de knikkers gaan tikkelen op de bodem is dat voor u een waarschuwing dat de melk kookt. Kooksmaak en vellen op de melk zijn te voorkomen door de melk roerend aan de kook te brengen. Ook tijdens het afkoelen eerst nog blijven roeren.

De melkpan of melkkoker houdt u schoon door er eenmaal per week aardappels in te koken.

Melk brandt niet aan als u de pan eerst even met koud water omspoelt. Aanbranden voorkomt u ook als u een paar lepels suiker in de melk doet.

Is de melk toch aangebrand, dan kookt u de pan uit met een ui in het water. De korst lost dan op. Daarna kookt u een keer aardappels in de pan; de uielucht is dan ook weer weg.

Koffiemelk en koffieroom blijven langer goed in de koelkast als u de fles niet helemaal afsluit, maar de dop er los op legt. Slagroom wordt luchtiger en minder vet als er wat rauw eiwit door geklopt wordt. Door slagroom, die niet stijf wil worden, klopt u  een paar druppels citroensap. De slagroom blijft langer luchtig en stijf als u 6 eetlepels poedersuiker door een halve liter room klopt.

Van een half flesje yoghurt maakt u een hoeveelheid van twee liter door die halve liter aan te vullen met lauwe melk.

Enkele druppels citroensap door de yoghurt geroerd, laat de yoghurt smaken als zure room.

Kwark is gemakkelijk glad te roeren, als u er wat gaatjes in prikt, bijvoorbeeld met een vork, en er een klein beetje warme melk opgiet. Even laten staan en u roert de kwark gemakkelijk glad. Oude korrelige kwark wordt weer smeuïg als er wat karnemelk of melk door geroerd wordt.

Als boter te zacht is om te gebruiken: onder de koude kraan. De oplossing voor te harde boter is al even simpel: de warme kraan.

Boter blijft niet aan het papier kleven als u het pakje een paar minuten in koud water legt.

In deeg voor gebak raspt u de boter of u snijdt de boter met de dunschiller.

Kaas droogt niet uit in een vochtige linnen doek. Is de kaas al uitgedroogd, dan legt u de kaas een poosje in de melk. Een paar uur uit laten lekken en afdrogen. Zachte kaas is gemakkelijk te snijden met een nylondraad.

Om mooie, heldere aardappels op tafel te zetten, voegt u drie eetlepels melk aan het kookwater toe.

Aardappels zijn sneller gaar en koken niet over als u er een klontje boter in doet.

Nieuwe aardappels worden gauw bruin, maar ze verkleuren niet in kookwater met een scheutje melk.

Als uw aardappelpuree te vochtig is, roer er dan wat droog melkpoeder door. Bovendien wordt de puree hier heerlijk luchtig van.

Mooie witte bloemkool krijgt u als u wat melk in het kookwater doet.

Nog wat keukentips:
- Kleine broodjes (kadetjes, puntjes) even in de melk, dan 10 minuten in een matig warme oven en ze zijn weer vers.
- Extra lekkere koekjes krijgt u door ze niet met eigeel, maar met een papje van melk en custardpoeder te bestrijken.
- Macaroni kleeft niet aan elkaar als aan het kookwater een klontje boter wordt toegevoegd.
- Mayonaise wordt extra smakelijk als er een klein beetje ongezoete slagroom door wordt geroerd.
- Een stuk beboterd papier op hartige saus voorkomt dat er een vel wordt gevormd.
- Suiker strooien over pudding – direct na het koken – en ook hier komt geen vel op.
- Eieren met een dunne of iets gebarsten schaal koken niet uit als u ze tevoren met boter insmeert.

- Vruchtenmoes (bijv. om gelei te koken) kookt niet over als er een klontje boter bij in zit.
- Als u snel niet vette pannekoeken wilt bakken, doe dan wat gesmolten boter door het beslag.

Ook voor vlees en vis zijn er heel wat middeltjes om betere resultaten te bereiken. Zo wordt de jus mooi bruin als u er een scheutje melk bij doet.

Braadworst haalt u voor het braden even door de koude melk. Hij knapt niet meer bij het braden.

Lever blijft heerlijk zacht en wordt mooi bruin van kleur als u dit vlees voor het bakken even door slagroom haalt.

Hazevlees wordt extra mals en smakelijk als u het voor het braden een dag in zure melk of karnemelk legt.

Schapevlees van een oud dier heeft vaak een sterke smaak. De smaak verbetert sterk door het vlees een paar dagen in karnemelk te leggen.

Vislucht wordt een stuk minder door bij het kooknat een scheut melk te doen.

Ontdooi bevroren vis in melk, dan blijft ze fris en vers. Te zoute vis knapt op in een schaaltje melk. De geur van vis verdwijnt uit kast en koelkast als u er een kannetje kokende melk in zet.

Met zuivel kunnen heel wat vlekken worden bestreden en ook op het gebied van huishoudelijk onderhoud kan het regelmatig zijn diensten bewijzen.

Teervlekken op de huid insmeren met boter, goed inwrijven en na een poosje kunnen teer en boter met warm water worden afgewassen. Nog eens nawassen.

Inktvlekken en cacaovlekken weken in melk of karnemelk. Kersenvlekken een halve dag weken in melk.

Weervlekken in witte stof weken in karnemelk met zout (een lepel zout op een liter karnemelk).

Kringen en vlekken op hout worden ingewreven met een mengsel van melk en sigareas, ook wel met een mengsel van boter en sigare- of sigaretteas. Laten intrekken en het hout opwrijven.

Bruine vlekken in bad of wastafel een nacht in de karnemelk zetten, meestal bleken ze daarvan op. Als het onvoldoende helpt, nog eens herhalen.

Kleine koperen voorwerpen worden weer mooi als u ze een poos in zure melk of karnemelk legt. Afspoelen en met een droge doek oppoetsen.

Leren meubels, tassen, schoenen e.d. reinigt u met warm water waar een even groot deel melk aan wordt toegevoegd. Het geeft een glanzend resultaat. Hetzelfde mengsel van half water en half melk kunt u gebruiken om linoleum schoon en in goede staat te houden.

Natte schoenen poetst u met schoensmeer waaraan een paar druppels melk zijn toegevoegd. De glans komt dan terug.

Gelakte artikelen, zoals lakschoenen, houden hun glans door ze af en toe met melk op te wrijven.

Vergulde schilderijlijsten kunt u schoonmaken met een in melk gedrenkte spons.

De bladeren van groene kamerplanten gaan weer glanzen als u ze afneemt met melk en water.

De lucht van nieuw hout gaat uit de kast door er een pan met kokende melk in te zetten.

Een gezonde, verkwikkende, warme drank maakt u door (per mok) twee theelepels tomatenketchup en één afgestreken theelepel boter aan de warme melk toe te voegen.

's Morgens bij het ontbijt een in een beker melk geklopt ei helpt tegen zenuwachtigheid.

Als u door stoten een bult krijgt, doe er dan boter op.
De boter houdt de huid soepel, zodat die meegeeft met de
zwelling.

Bruine vlekken en sproeten verdwijnen door het geregeld aanstippen met karnemelk.

Op zonnebrandplekken brengt u melk of kwark aan.
Het werkt verzachtend en genezend.

De appel

De appel is één van onze oudste cultuurvruchten. Van oudsher is deze vrucht o.a. vanwege de smaak, voedingsmogelijkheden en geneeskracht gewaardeerd. Een oud rijmpje zegt:

Wie een appel eet elke dag zorgt dat de dokter niet komen mag.

Terecht werd ook vroeger al de grote waarde voor de gezondheid ingezien.

Uit Engeland komt dit recept voor appelthee. Deze thee is goed tegen verkoudheid en hoest. Snijd een appel in dunne schijfjes en giet er kokend water op. Tien minuten afgedekt laten staan en de appelthee is klaar. Door het toevoegen van citroensap wordt de koortsverdrijvende werking verhoogd. Honing erbij verdrijft de heesheid.

Appelmoes en appelstroop helpen ook tegen verkoudheid. Appelthee is een kalmerende drank en laat u daarom beter slapen.

Om beter te kunnen slapen kunt u ook een appel eten in bed. Ook goed is een appel in melk te koken en deze na afkoeling rustig op te eten.

Gebraden appels zijn goed tegen verstopping.

Geraspte appel is goed tegen buikloop. Vooral kleine

kinderen hebben er snel baat bij. Een beschuit met geraspte appel met wat kaneel erover is erg werkzaam tegen buikloop.

Begin de dag met een rauwe appel. Heel goed voor het geheugen.

De appel bevat ijzer, fosfor en appelzuren. Door het ijzer verkleurt hij zo gauw. Dat is geen bederf. De appelzuren werken gunstig op alle stofwisselingsorganen (maag, darmen, lever, nieren, huid).

Voor wie vaak last heeft van heesheid, is het volgende recept.

's Avonds voor het naar bed gaan een geschilde appel gaar koken in een halve liter water, goed fijn wrijven en zoeten met honing. Langzaam warm opdrinken en dan gaan slapen. U moet dit wel een poosje volhouden.

Tegen ingewandsontsteking helpt appelwater, dat u maakt door twee appels te schillen en fijn te maken, het sap van een halve citroen en twee lepels honing erbij te doen en wat kaneel erover te strooien. U giet hier een halve liter kokend water op. Verdeeld over de dag drinkt u steeds een slok van dit appelwater.

Speciaal goudreinetten zijn heilzaam tegen ischias (heupjicht).

Oude rimpelige appels zijn beter te schillen als ze vlak voor het schillen even in kokend water liggen. Bevroren appels legt u even in koud water. Er vormt zich dan een ijskorstje dat met een droge doek afgeveegd kan worden.

Koek, brood, beschuit, cake en gebak blijven langer vers met een appel erbij in de gesloten trommel.

Appelsap als kookvocht bij de worteltjes geeft de worteltjes een heerlijke smaak.

Zet nooit appels bij bloemen, want appels ademen ethyleengas uit en daarvan verwelken de bloemen gauw. Anjers kunnen er helemaal niet tegen.

Appels plukt u bij voorkeur als de maan tussen vol en nieuw is. Het plukken hoeft natuurlijk niet in de maneschijn. De reden van het plukken bij afnemende maan is dat er dan minder sap in de vrucht zit, wat de houdbaarheid ten goede komt.

Onrijpe appels worden eerder rijp als ze tussen rijpe appels liggen.

Het lijkt raar, maar de appelboom behoort tot de rozenfamilie. Daarom zijn appels ook zo geurig. De geur is jammer genoeg een stuk minder geworden door allerlei kruisingen. Bij die kruisingen stonden andere belangen dan het behouden van de geur voorop.

Bloeiende appelbomen zijn een lust voor het oog. Insekten kunnen niet zonder de appelboom. Bijen bijvoorbeeld komen voor de nectar naar de bloesem en in ruil daarvoor zorgen zij voor de bestuiving en krijgen wij er ook nog eens heerlijke honing voor terug.

Er zijn ook sierappelbomen, bloeiend in de kleuren wit, roze en rood. In de zomer en in het najaar kun je genieten van de leuke gele of rode appeltjes die er volop aanzitten.

Die appeltjes wassen, koken, zeven en het moes opnieuw koken. Op smaak maken met kruidnagel en kaneel en verder als jam bereiden. Heerlijk!

Als u een appel moet schillen, doe het dan zo dun mogelijk. De zon stopt het beste van de appel in de schil en er vlak onder.

Vroeger had men iets handigs bedacht om dun schillen te leren. Jongelui willen graag voor volwassen worden aangezien en het heette dat je niet eerder volwassen was, dan wanneer je een appelschil dun en in zijn geheel van de appel af kon halen.

De appel wordt ook als symbool gebruikt. Bijvoorbeeld de rijksappel die bij de koninklijke waardigheid hoort. De rijksappel wijst op het verstand waarmee geregeerd moet worden.

Als voedingsmiddel en als medicijn wordt de appel gebruikt, ook als spelmateriaal en symbool. Daarnaast wordt hij – al naar de kwaliteit – ook nog gebruikt als geschenk of als veevoer.

Rauw, gekookt, gebraden of gedroogd, de appel is voor allerhande doeleinden geschikt.

De wilg

Wilgen zijn bijzonder makkelijk te kweken. U steekt maar een tak diep in de grond en er groeit een wilgestruik uit of, met snoeien, een wilgeboom.

De knotwilg ontstaat als de hele kop van de boom tegelijk wordt uitgezaagd.

In het voorjaar worden de bloemknoppen van de wilg als katjes graag in boeketten gebruikt.

De katjes zijn, als ze bloeien, erg in trek bij de bijen die in het vroege voorjaar veel behoefte hebben aan goede drachtplanten.

Vrouwelijke wilgekatjes zijn groen, mannelijke katjes geel.

De kleur van de wilgestam wordt in het voorjaar, als de sapstroom weer op gang komt, mooi chocoladebruin en glimmend. Wie oplettend naar de wilgen kijkt, kan dus aan de kleur van de boom zien wat de weersverwachting van de bomen is. Komt er nog strenge vorst dan blijven de takken grauw.

Napoleon bracht de zogenaamde 'treurwilg' naar Europa. Hij zag ze tijdens zijn verbanning op St. Helena en waardeerde de vorm bijzonder.

Ook de treurwilg schiet gemakkelijk wortel, zodat ze al snel in Europa vermenigvuldigd waren. Treurwilgen worden vaak aangeplant op begraafplaatsen, maar je ziet ze ook veel in parken bij vijvers. Het schijnt dat de sierlijke treurwilg, wanneer hij bij het water is aangeplant, door de aantrekkingskracht van het water zijn takken nog verder naar beneden buigt.

Vroeger was wilgehout voor allerhande doeleinden nodig. In stallen en voor afrasteringen, als zinkstukken bij waterkeringen, voor klompen, manden en gereedschap.

Het algemeen gebruik van wilgen verminderde sterk en daardoor werd het hout weinig of niets meer waard. Het gevolg daarvan was dat de wilgen niet meer onderhouden werden. Duizenden bomen werden aangetast door de watermerkziekte en spleten door gebrek aan onderhoud en door ouderdom. Ze werden niet meer door nieuwe wilgen vervangen.

Door ruilverkavelingswerkzaamheden werden heel veel wilgen – ook waar het niet nodig was – opgeruimd. Als de wilgen weg zijn, verdwijnen ook veel diersoorten die in en bij de wilgen wonen of er anderszins van afhankelijk zijn. Dat is een grote verarming van de natuur.

Uit wilgen werden altijd goede medicijnen gemaakt. Salicylzuur bijvoorbeeld komt voor in de wilgebast. Dit zuur wordt gebruikt in goede aspirine. Salicylzuur werkt ook ontsmettend.

Aftreksels van wilgetakjes kan men drinken tegen reuma en jicht.

Een goed haargroeimiddel maakt u van een handvol wilgeblad of fijne wilgetakjes, drie kruidnagels en een kopje zonnebloemolie. Doe deze ingrediënten in een pannetje dat u in een grotere pan met water (au bain marie) een uur laat trekken op een laag pitje. Elke avond de hoofdhuid masseren met iets van deze kruidenolie.

Konijnen lusten graag wilgehout. Een oude ongeverfde klomp in het konijnehok is heel goed voor deze dieren. Door het knagen worden de tanden van het konijn niet te lang. Wat wilgetakken als knaaghout is goed tegen trommelzucht of waterbuik. Ook voor jonge geiten en schapen is het gezond om af en toe wat wilgehout te eten.

Een knotwilg blijft in een goede conditie als u de pruik om de vier jaar verwijdert. De boom wordt steeds dikker en de kop wordt steeds knoestiger. In de gaten en holten nestelen verschillende vogelsoorten en er groeien soms andere planten in de ruige kop. Houd de knotwilg in ere als onderdeel van een gezond milieu.

De ui

Algemeen bekend is het gebruik van ui bij verkoudheid en griep, maar ook bij andere ziekten trekt een ui in de ziekenkamer veel kwaad tot zich.

Bij epidemieën werden vroeger uien tegen besmetting gebruikt. Omdat er zwavel in de ui zit, is het een goede schoonmaker, ook van bloedvaten en het darmkanaal.

Tegen wat men vroeger hardlijvigheid noemde en wat nu constipatie heet, at men een in de hete as van het open haardvuur gestoofde ui. Bij erge verstopping zelfs tweemaal daags.

In die oude tijden was het hard werken en had men vaak grote gezinnen, dus was er veel kans op ziekte. Het was makkelijk om een algemeen medicijn bij de hand te hebben. Dat medicijn maakte men door een stroop te koken van een kilo verse uien en 750 gram bruine suiker op een liter water. Drie uur zachtjes laten koken en warm door een doek persen, 300 gram honing toevoegen en het geneesmiddel is klaar. Dit middel werd tegen veel kwalen met succes gebruikt door er af en toe een lepel vol van te nemen. Tegen wormen werd 's avonds een grote, fijngesneden ui in een kwart liter water gekookt. De volgende ochtend werd het kooksel door een doek geperst en dronk men het sap op de nuchtere

maag. De overblijvende pulp werd met boter gemengd tot aambeienzalf. Ook werd rauw uiensap gemengd met boter tegen aambeien gebruikt. Bovendien werd dit middel toegepast bij winterhanden en wintervoeten. Tweemaal per dag masseerde men handen en voeten om succes met deze zalf te hebben. Om de uiengeur weg te krijgen, masseerde men na met aardappelkruim. Met een droge doek de kruim afvegen en klaar! Gemakkelijk, goedkoop en doeltreffend.

Er is nog een algemeen geneesmiddel met ui dat gebruikt wordt tegen wratten, aambeien, darmklachten, bronchitis, wormen en blaasklachten. Laat gelijke delen fijngehakte rauwe ui en zuivere alcohol ruim een dag in een gesloten fles trekken. Zeven en het sap donker en in een goed gesloten fles bewaren. Voor de maaltijd een theelepel van dit sap is goed tegen de hiervoor genoemde klachten.

Bronchitis werd ook bestreden met een in plakjes gesneden ui die in een beetje melk gaar gekookt werd. Een lepel honing erdoor en rustig opeten voor het slapen gaan. Het was meteen een goed slaapmiddel.

Wie haar en hoofdhuid niet in goede conditie heeft, doet er goed aan elke dag wat uiensap in te masseren. Er is ook uienhaarwater te koop, voor wie meent dat de lucht een bezwaar is.

Een goed hoestmiddel maakt u van uiensap met bruine suiker.

Bij pijnen in het hoofd, ook oorpijn, gebruikt u een kompres met gehakte uien. Gewoon een doek met uien om de nek helpt al.

De ui is ook een goed middel voor dieren. Als in een streek de varkenspest kwam opzetten, gaf men de varkens elke dag een ui om zo de stal vrij te houden van de ziekte.

Uienafval werd door veevoer gemengd om ziekten te genezen of te voorkomen. Pluimvee kreeg enkele malen per week ui door het voer om infectieziekten tegen te gaan. Ui werd ook gebruikt om beestjes op de vlucht te jagen.

Ui in het water voor het ramen wassen houdt vliegen op een afstand en als ergens vliegestippen op zitten, dan zijn ze met een rauwe ui gemakkelijk te verwijderen.

Doffe en vuile schoenen, ook lakschoenen, worden weer schoon met een ui. Nawrijven met een zachte doek. Kook een ui in uw aluminium pan en hij wordt schoon.

Als u de kamer geschilderd hebt, krijgt u de verflucht weg door een doormidden gesneden ui in het vertrek te zetten.

Met ui kunt u ook vergulde voorwerpen (zoals schilderijlijsten) schoonmaken. Ui tast het verguldsel niet aan. Wratten worden door ui wel aangetast. Stip de wrat elke dag met uiensap aan; vaak verdwijnt de wrat. Voor mens en dier met veel wratten is het volgende middel: een in stukjes gesneden ui koken in een beetje azijn (een glas vol), af laten koelen en uitpersen. Het nat gebruiken voor wassingen of als natte omslag op de wratten aanbrengen.

Middeltjes om uien makkelijker schoon te maken zijn er ook veel. Het schillen gaat beter als de uien eerst een minuut of vijf in koud water liggen. Dan snijdt u ze bij een lopende kraan, met een mond vol water, met een kurk in de mond, voor het open raam, onder water of u giet er heet water over.

Uienlucht krijgt u uit serviesgoed door inwrijven met zout. Uit de koekepan krijgt u de lucht met azijn en de geur verdwijnt van lichaamsdelen door te wrijven met aardappel (rauw of gekookt). De lucht kleeft minder aan voorwerpen, zoals de snijplank, als die van tevoren nat gemaakt worden.

Een aangesneden ui bewaart u het beste door hem met het snijvlak op een schoteltje met wat zout te leggen.

Uitlopende uien houdt u even met de punt in een vlam, dan lopen ze niet verder uit en de kracht blijft er in.

Houtas door zaaibedden van uien en worteltjes (bij elkaar zaaien) maakt dat beide soorten minder last hebben van schadelijke beestjes. Het zaaien van uien bij schorseneren houdt de uienvlieg weg.

Andijvie, cichorei en witlof

Deze drie planten zijn broer en zus van elkaar. Iedereen kent wel de krop andijvie. De cichorei is vooral bekend van koffiesurrogaat. Daarvoor wordt de geroosterde wortel van cichorei gebruikt. Witlof ontstaat door een geforceerde groei van de flinke penwortel van deze cichoreisoort.

Andijvie-aftreksel werd in de middeleeuwen al gebruikt door Franse dames, die het 'eau d'endive' noemden. Zij gebruikten het om een mooie huid te krijgen.

Deze drie planten bevatten in het bijzonder ijzer en kalk. Andijvie spant hierin de kroon.

Cichoreiwortel of witlof laten trekken in koemelk en dan samen opeten is koortsverdrijvend en genezend bij geelzucht en leverkwalen, en goed bij een zwakke maag. Of u eet gewoon andijvie of witlof met een melksausje. Prima voor milt, lever en nieren.

Andijvie- en witlofsla is heel goed voor mensen met suikerziekte.

Was witlof vlak voor ze klaargemaakt wordt, anders komt er een bittere smaak aan. De dikke pit moet uit het stronkje verwijderd worden, want hij geeft ook een bittere smaak.

Een krop andijvie die slap geworden is, kunt u aan de onderkant iets afsnijden en dan in een bak of emmer met een laagje water zetten. Het is de bedoeling dat het stronkje in het water staat, dus niet de hele krop onder water zetten.

Witlof is bij toeval uitgevonden. In de botanische tuin in Brussel werd in een kelder cichorei onder zand gebleekt om als cichoreisla gegeten te worden. Een tuinman had er meer zand op gedaan dan gewoonlijk en ontdekte geen dun gebleekt blad, maar een soort gele vruchten. Men at hier voorzichtig van en omdat het goed smaakte deed men vaker meer grond op de cichoreiwortel.

Vanuit Brussel werd deze methode bekend. Daarom wordt witlof ook wel Brussels loof of lof genoemd.

Witlof wordt als volgt gekweekt. In het late voorjaar zaait men het gewas in de volle grond. De plant vormt een heel losse krop, die dezelfde kleur heeft als andijvie, en een stevige penwortel. In de nazomer wordt de plant gerooid. Het blad wordt eraf gesneden en de wortel wordt ingekuild en met een flinke laag grond bedekt.

De wortel gaat nu weer groeien en gaat blad vormen. Door de druk van de grond krijgen de bladeren geen kans om losjes uit te groeien, maar ze worden juist tot een compacte krop in elkaar geduwd. Dat is het struikje witlof. De witte kleur komt doordat de witlof in duisternis groeit.

Tegenwoordig zijn er ook rassen die zonder dekgrond toch een stevige krop vormen. Ook past men wel een speciale watercultuur toe.

Cichorei heeft als bijnaam wegenwachter. Ze groeit over het algemeen in de wegbermen en daar is een mooie legende over.

In de tijd van de kruistochten trok een ridderzoon ter kruisvaart, zijn schone jonkvrouw achterlatend bij haar vader. Zij zwaaide hem uit aan de weg en bleef op die plaats staan, met haar gezicht naar het oosten waarheen haar geliefde was getrokken.

Haar vader riep haar weer in de burcht, maar ze weigerde naar binnen te gaan en bleef wachten aan de weg. In weer en wind stond ze maar uit te kijken naar het oosten. Van andere jonkers die om haar kwamen, trok ze zich niets aan. Haar vader zei dat ze dan maar in een klooster moest gaan. Ook dat wilde ze niet. Ze wilde alleen maar wachten aan de weg op haar geliefde die nooit terugkwam.

Haar vader werd zo boos dat hij haar vervloekte en wenste dat zij dan maar tot in eeuwigheid aan de weg op haar geliefde zou wachten.

De jonkvrouw stierf aan de weg en toen haar ziel ten hemel steeg, ontsproot op de plek een hemelsblauwe bloem die altijd naar het oosten draait.

De jonkvrouw werd wegenwachter en zal dit tot het eind der tijden blijven.

Witlof, andijvie en cichorei moeten met weinig water klaargemaakt worden. De jonkvrouw wil droog blijven, anders wordt ze bitter.

Andijvie doet het goed als u na de langste dag zaait. Want als u zaait wanneer de dagen lengen, richt de jonkvrouw zich hoopvol op en komt er geen kropvorming.

Het bloed van de onschuldige jonkvrouw is wit geworden en daarom wordt het sap van deze drie planten gebruikt om allerlei bloedziekten te genezen. Men drinkt het ook tegen aambeien en spataders.

De legende is aardig en in ieder geval zijn de planten cichorei, witlof en andijvie heel gezond.

Kool

Kool kennen we in een groot aantal soorten. Vooral 's winters is dit een belangrijke groente in ons voedselpakket. Kool is rijk aan vitaminen en mineralen. Vanouds is kool ook een bekend huismiddel bij allerlei kwalen.

Koolmelk is een goed middel bij bronchitis. Neem een groot koolblad, verwijder de dikke nerf en kook het blad in een kleine hoeveelheid (ongeveer een kopje) melk. Uitzeven, een lepel honing toevoegen en de melk lekker warm slok voor slok opdrinken. Het beste resultaat krijgt u door twee- tot driemaal per dag deze koolmelk te drinken.

Voor allerlei zweren en zwellingen is kool, door zijn samentrekkende werking, ook een goed hulpmiddel. Bij een inwendig abces (bijv. een maagzweer) voldoet koolsap goed. Zuurkool uit het vat, als kompres gebruikt, doet een tumor soms wegkrimpen. Rauw zuurkoolnat is trouwens ook goed voor suikerpatiënten.

Er is geen beter geneesmiddel bij kneuzingen of kwetsuren bij een valpartij dan een koolblad. Het koolblad is heel eenvoudig toe te passen. Haal de nerf uit het koolblad, was het blad af in warm water en droog het blad licht af. Leg het blad op de kneusplek en het blad zal zich zelf vastplakken. Het blad verdroogt en de pijn wordt al snel minder.

Soms is de werking zo sterk dat het koolblad de huid aantast. Leg dan een dunne doek tussen huid en koolblad.

Voor het genezen van wondjes of blaren bindt u op de wond een doekje met in melk gekookte kool.

Een koel, vers koolblad verdrijft soms hoofdpijn. Bind het blad op het voorhoofd of in de nek. Trek u er niets van aan dat het wat wonderlijk staat, per slot van rekening ziet u er ook niet op uw best uit als u barstende hoofdpijn hebt.

Met een vers koolblad zijn ook pijnlijke knieën te behandelen en zelfs keelklachten. Gewoon een blad zonder nerf onder een doek op de zere plek binden.

Een stukje gekneusd koolblad in de laars of in de schoen maakt dat voeten minder gauw moe worden.

Knolvoet is een veel voorkomende ziekte bij de koolplant. De beestjes die knolvoet veroorzaken, blijven weg als u met het uitplanten van de koolplant een stukje rabarberstengel in het plantgat steekt.

Als u gemaaid gras op de koolplant strooit, hoeft u geen rupsen te vangen. Vlinders vliegen nooit tussen gras en komen dus ook niet op de met gras bestrooide kool. Zo hoeft u ook geen rugpijn te krijgen van het met kromme rug vangen van de rupsen. (Die zere rug is trouwens ook weer met een koolblad te genezen, maar voorkomen is altijd nog beter.) Als de rupsen al in de kool zitten, kunt u wat zout water op de kool laten lopen. Zorg wel dat het zoute water niet op de grond komt.

In weer en wind blijft kool langer goed door er losjes een plastic zak overheen te doen.

78

Tegen doorgroeien van de kool als hij rijp is (met het gevolg dat hij barst), wipt u de koolplant iets op. Dit is vooral goed bij bloemkool.

Om de bloemkool mooi wit te houden op het land, vouwt u de bladeren er overheen.

Eigen verbouwde kool kunt u binnenshuis op een koele en donkere plek bewaren. Pluk het slechte blad eraf en hang de kool ondersteboven op.

De sterke koollucht bij het koken wordt minder als u een paar blaadjes munt laat meekoken. Karwijzaad meekoken maakt de kool smakelijker en lichter verteerbaar.

Rode kool wordt heel lekker als u wat rijst meekookt.

Hoe u het ook bekijkt, kool is voor allerhande doeleinden te gebruiken en is door zijn vele verschijningsvormen een heel interessante plant.

Spinnen

Bij veel mensen roept een spin weerstand of soms zelfs angst op. Het web daarentegen beschouwt men als een kunstwerk, fijner en mooier dan het mooiste kant. Let eens op het spinneweb en verwonder u over deze fantastische schepping.

In de webbouw kan de spin honger, woede, angst en verlangen tot uitdrukking brengen. Als ze zich uit een boom recht naar beneden laat zakken, gebruikt ze ander spinsel dan voor een vangweb en weer ander spinsel om een trouwlustige echtgenoot op te sporen of om een waarschuwing uit te zenden.

Gaat de wind uit een andere richting waaien: een spin voelt het van tevoren en begint alvast een web dwars op de wind te bouwen, zodat het stevig is als de wind gedraaid is en het web niet stuk waait.

Als er storm komt neemt de spin tijdig maatregelen. Dan weeft de spin met dikkere draden en grotere openingen, zodat de wind erdoor kan zonder het web aan flarden te scheuren of tegen een obstakel te blazen.

Een bekende weerspreuk is:

Maakt de spin in 't web een scheur,
dan klopt de stormwind aan de deur.

Vroeger werden spinnewebben ook gebruikt om wonden te genezen. Bij brandwonden zocht men gauw een vers spinneweb, maakte het vochtig en legde het op de wond. Dat lijkt heel vies, maar later bleek uit onderzoek dat er echt geneeskracht in het web zit. De werkzame stof is vergelijkbaar met penicilline (een schimmel).

Ook spinnen zelf werden als medicijn gebruikt. In een boek over geneeswijze in oude tijden las ik drie recepten met spinnen die tegen koorts gebruikt werden. Ziekte gaat vaak met koorts gepaard, dus waren de spinnerecepten regelmatig inzetbaar.

Als u niet gauw misselijk wordt, kunt u verder lezen.

Recept 1: Neem drie grote pruimen zonder pit. Doe in elke pruim op de plaats van de pit een grote spin en eet de gevulde pruim op.

Recept 2: Doe een spin in notedoppen die weer aan elkaar geplakt worden en draag de spin zo op het hart.

Recept 3: Een fijngewreven dikke spin in een vochtig doekje op het voorhoofd binden. Ook wel natte doekjes met spinnen om de polsen.

Een ander recept is om een kind dat kattehaar had binnen gekregen een levende spin in te laten slikken. De spin kwam met braaksel weer naar buiten en had het kattehaar aan de poten zitten.

In het beste kruidenboek dat ik ken, 'De kleine dokter' door dr. A. Vogel, staat onder de noemer Tarantula Cubensis: Tegen steenpuisten en nagelzweren, vooral wanneer de zieke plekken een blauwachtige kleur krijgen en een hevig brandende pijn veroorzaken, is er geen geneesmiddel dat zo'n grandioze werking heeft als Tarantula

81

Cubensis, de Cubaanse spin. Voor vinger- en nagelzweren, fijt en kleine abcessen aan handen en voeten voldoet dit middel als geen ander.

De spin is een levenskunstenaar, een kleine dokter en bovendien ook nog weerkundige.

Citrusvruchten

De bij ons meest bekende citrussoorten zijn de sinaasappel, de citroen, de mandarijn en de grapefruit. Deze vruchten blinken uit door hun rijkdom aan vitamine en smaak. Vooral de citroen is op veel plaatsen bij het koken en in de huishouding inzetbaar.

Wie kent niet het afwasmiddel met citroen? Het kan nog simpeler: een stuk citroenschil in het afwaswater. Het geeft zacht water en glanzend serviesgoed. Aluminium pannen blijven of worden blank als u er water met citroensap in kookt.

De snijplank wrijft u schoon met een stuk citroen dat eerst in zout gedrukt is.

Citroensap bij het water waarin eieren worden gekookt, voorkomt het stukkoken van de eieren. Het sap toegevoegd aan het kookwater van kool verdrijft de koollucht. Rijst wordt mooi droog en prachtig wit als u wat citroensap met de rijst meekookt.

Het sap van een sinaasappel over een schaal aardbeien gieten en laten intrekken. Zo lekker heeft u de aardbeien nog niet gegeten!

Citroensap over ananas, appels (ook voor de appeltaart) en champignons voorkomt verkleuren en bevordert de smaak.

Voeg ook eens een beetje citroensap aan het water voor ijsblokjes toe. Dat geeft een lekker frisse smaak. Plakjes banaan voor garnering e.d. legt u in citroen- of sinaasappelsap tegen het verkleuren. Aan bowl voegt u ook altijd citroensap toe, tegen het verkleuren van het fruit.

Gedroogde citrusvruchten worden lekkerder als u ze in koude thee weekt, in plaats van in water. Verlepte sla kunt u oppeppen door ze een half uur in water met wat citroensap te zetten.

Na het schoonmaken van verse vis, verwijdert u de vislucht van uw handen door ze in te wrijven met een klein beetje citroensap.

Als u de vis gaat bakken, doe dan een theelepeltje citroensap bij de boter. De vis smaakt lekkerder en valt niet uit elkaar. Hij bakt niet vast, zodat de pan gemakkelijker is schoon te maken.

Een doorgesneden citroen kunt u wel twee weken bewaren als u hem met het snijvlak naar beneden op een schoteltje legt waarop wat kristalsuiker is gestrooid. Als u maar een klein beetje citroensap nodig hebt, is het niet nodig een nieuwe citroen aan te snijden. U prikt er met een stevige cocktailprikker een gaatje in en knijpt er een paar druppels sap uit. U kunt de citroen daarna in folie in de koelkast bewaren.

Citroenschil voor gebak e.d. bewaart u in een plastic zakje in de diepvries of vriesvakje van de koelkast. De schil is bevroren veel gemakkelijker te raspen. Gebruik niet de witte binnenkant van de schil, want die smaakt bitter.

Een warme citroen geeft het sap gemakkelijker af. Leg

de citroen daarom voor het persen een poosje op de ver-
warming.

Sinaasappels in vloeipapier blijven langer goed. Het pel-
len gaat beter als u ze eerst twee minuten in kokend water
legt en dan een paar minuten in koud water. Ze geven
meer sap als u ze voor het persen even over het aanrecht
of over de tafel rolt.

Erg zuur sinaasappelsap smaakt zoeter als u er iets zout
bij doet.

Citroen(sap) kan u ook op het gebied van vlekken vaak
helpen. Jamvlekken verwijdert u door er wat citroen op
te doen, dan snel wassen. Als u citroen te lang laat intrekken in gekleurde stoffen, gaat het citroensap de kleuren
uitbleken.

Roestvlekken boven kokende thee houden, dan met citroensap besprenkelen en dan flink wassen. Theevlekken
wassen in water met citroen.

Witte sokken worden weer mooi wit door wat citroen
aan het waswater toe te voegen. Dit geldt ook voor de witte was. U doet dan wat schijfjes citroen in een lapje dat u
dichtknoopt en bij de was doet.

Vlekken op formica e.d. smeert u in met citroensap. Na het drogen met een vochtige doek afwrijven.

Vette (auto)ramen kunt u schoonmaken met water met wat citroenschillen.

Een vuile spons wordt schoon in water met citroen.

Koper gaat extra glanzen als u het voor het poetsen even inwrijft met citroen. Oude porseleinen voorwerpen worden schoon en glanzend met wat citroensap. Een schijfje citroen in de bloemenvaas en het water blijft fris en de bloemen blijven mooi.

Een uitgeknepen citroen is ook altijd nog goed om mieren weg te houden. Tegen motten in de klerenkast helpt een sinaasappel met wat kruidnagelen erin gestoken. Bovendien heeft u dan een lekkere geur in de kast.

Voor een verfrissend bad doet u wat schijfjes citroen in het badwater.

Zieken en gezonden genieten van een bad met mandarijnwater.

Mandarijnschillen een paar dagen laten trekken in een bakje water. Even zeven en het geurige water bij het badwater doen.

Ruwe ellebogen zijn uitstekend te verhelpen met citroen. Steun de ellebogen een poosje in de schil van een halve uitgeperste citroen, laat het citroensap op de huid opdrogen. Het is in één keer al een stuk beter.

Sproeten worden minder zichtbaar door te deppen met citroensap.

Nicotinevlekken verdwijnen door dagelijks schoonmaken met citroensap.

Een insektebeet doet geen pijn als u er wat citroensap op doet.

Hoofdpijn verdwijnt soms na het drinken van een kop sterke koffie met suiker en een theelepeltje citroensap. Voor het sap van een halve citroen in zo'n zoete kop koffie, gaat zelfs de kater van een avond te veel drinken op de vlucht.

Het schaap en de wol

Als we aan schapen denken komt ons vaak een romantisch beeld van een onafzienbaar heideveld voor ogen met een herder die een kudde schapen hoedt, terwijl zijn hond waakzaam toeziet dat de kudde bij elkaar blijft. De werkelijkheid is nu wel anders. Er zijn nog maar een paar schaapskudden in ons land. Het houden van schapen is de laatste jaren wel vrij sterk toegenomen, maar deze schapen grazen in groene rechthoekige weiden in plaats van op de ruige heidevelden.

Hoewel een schaap met zijn dikke wollen vacht er log uitziet, kan hij toch een snelheid van bijna 25 kilometer per uur halen. Het schaap doet dat alleen in noodsituaties, bijvoorbeeld als hij door een hond wordt opgejaagd, maar hij kan het een hele tijd volhouden.

Een schaap is een kuddedier. Je kunt dat goed waarnemen als een schaap alleen staat. Vaak staat zo'n eenzaam schaap te blaten, ook al is er volop te eten. Het eenzame schaap voelt zich al een stuk beter als er een ouderwetse

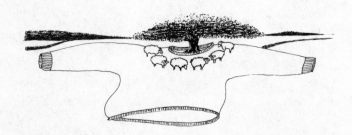

vogelverschrikker in de buurt staat. Dan meent het dier blijkbaar dat het niet alleen is.

Het schaap brengt veel nuttige produkten voort. Zelfs de mest is niet alleen mest, maar uitgestrooid in varkenshokken voorkomt het varkenspest.

Mazelen genas men vroeger door het patiëntje thee van schapemest te laten drinken. Onvoorstelbaar, maar waar!

Schapemelk is gezonder dan koemelk, vooral voor kinderen met huidziekte. Schapekaas is lekker en gezond. Eczeem knapt op door elke dag een stukje groene Texelse schapekaas te eten.

Als we de verschillende soorten vlees van paard, rund, schaap en varken vergelijken, blijkt schapevlees het gezondst te zijn. Na het schapevlees komen in afnemende volgorde: paardevlees, rundvlees en varkensvlees.

Jammer genoeg krijgt schapevlees nog steeds niet de waardering die het verdient.

Een oud middeltje tegen baardschurft is het dagelijks eten van een stukje gesmolten schapevet met krenten. Verkoudheid en hoest worden verholpen door grauw papier met schapevet, afgedekt met een wollen lap, op borst en keel te gebruiken. Nog beter is de werking als u schapevet neemt met kamille erdoor.

Het inmasseren van warm schapevet op de borst en op de schouderbladen is heel goed tegen bronchitis.

Doorliggen voorkomt men door de patiënt op een schapevacht te leggen.

Verse, ongewassen schapewol wordt gebruikt om reuma en spit te genezen. Hiertoe wordt de wol op de pijnlijke gewrichten gebonden.

Tegen allerlei klachten door kou opgelopen: kletsnatte

doeken om de romp, zuiver wollen dekens er omheen en dan in bed.

Wolvet of lanoline zit in de schapevacht en houdt de wol en de huid in goede conditie. Het is te stijf om zo te gebruiken. Gemengd met goede kruiden en tot zalf verwerkt, is het bij veel drogisten te koop. De meest bekende naam van dit geneeskrachtige produkt is *Bioforce*. In allerhande schoonheidsmiddelen en zalven is ook lanoline verwerkt.

Nederland produceert bijna 4½ miljoen kilo wol per jaar. Deze wol wordt op veel verschillende manieren gesponnen en verwerkt. Van dik breigaren tot de fijnste dunne wollen stof. De meeste wol wordt in fabrieken geverfd, maar een enkeling verft zijn wol zelf met natuurlijke kleurstoffen van bijvoorbeeld kruidenaftreksels. Zelf wol verven met deze natuurlijke kleuren is erg bewerkelijk, maar de kleuren zijn prachtig en uniek.

Wol moet heel voorzichtig behandeld worden om niet te vervilten. Elke wolvezel is bedekt met schubjes die net als schubben van een vis gedeeltelijk over elkaar heen vallen. Daardoor isoleert wol heel goed, wat erg prettig is – vooral bij koud weer – in het dragen.

Naast het gebruik voor kledingstoffen, wordt wol ook toegepast als gordijn- en meubelstof en als vloerbedekking. Daarnaast worden er dekens, sierkleden en ander gebruikstextiel van gemaakt.

Het schaap heeft dus veel meer nut dan het instandhouden van ons romantische heideveld.

Wat planten en dieren ons over het weer vertellen

In de natuur is geen afbakening van wat tot de planten, dieren, mensen of het weer behoort. Er is wel een duidelijk verband tussen het leven op aarde en het weer. Mensen en dieren zijn afhankelijk van plantaardig voedsel. En dit plantaardig voedsel kan niet bestaan zonder water en zon.

Omdat deze samenhang er is kan voor oplettende mensen veel weersvoorspellende waarde zitten in wat we om ons heen kunnen waarnemen.

Let maar eens op de bloemen. Als de bloemen een paar uur voordat de zon zijn hoogste punt bereikt nog niet goed open zijn, gaat de lucht gauw bewolken. Als ze helemaal dicht blijven komt er spoedig regen.

Kleine, nietige bloempjes zijn de beste barometers, want bloemen bloeien niet alleen voor ons plezier, maar voor instandhouding van de soort. Ze moeten bevrucht worden om zaden voor nieuwe generaties planten te leveren. En de bloemen zijn zo teer dat als er een regendruppel of een hagelsteen in valt, ze zo beschadigd zullen zijn dat ze geen zaad meer kunnen voortbrengen. Daarom zijn ze geschapen met een ingebouwd mechanisme dat hun kelkjes laat sluiten als er vocht in de lucht zit.

Boombladeren daarentegen richten hun bladeren juist naar boven als er vocht komt. Ze bidden om regen zeggen wij dan. Het blad gaat dan naar boven staan zodat het regenwater langs de bladnerf, via de tak en de stam de grond goed kan doordrenken om de wortels van het noodzakelijke water te voorzien. In de gewone stand zou het water te veel aan de buitenkant naar beneden stromen. De zon en de buurplanten zouden zoveel verdampen en opdrinken dat de boom zelf te weinig vocht zou krijgen.

Oppervlaktewater vertoont speciale rimpelvlekken als er binnenkort regen komt. Meer dan een dag van tevoren is aan deze rimpels en aan een groenige weerschijn van het water te zien dat er regen en wind komt.

Als vogels laag vliegen komt er wind en als ze daarbij ook rusteloos heen en weer vliegen komt er storm. Wanneer vluchten vogels in tegengestelde richtingen vliegen gaat de wind spoedig draaien.

Vliegen zwaluwen hoog dan is er een opwaartse luchtstroming waardoor de insekten, waar de zwaluwen voor hun voedsel op zijn aangewezen, hoog in de lucht zijn.

Met een neerwaartse luchtstroom zijn de insekten laag aan het water en aan de grondoppervlakte en daarom vliegen de zwaluwen dan ook laag.

Ziet u de wolken horizontaal dan dreigt er regen, meer opwaartse wolken, zoals klimmende dierenfiguren, voorspellen droog weer. Kleine stukjes regenboog ter hoogte van de schijnende zon zijn een weerkaatsing en breking van de zonnestralen in vocht, dus is er kans op regen.

Zelfs kippen die nooit in de regen lopen, laten als er regen op komst is hun vleugels hangen, zodat het water er af kan stromen.

Blijft de kat langdurig op de stoel liggen, reken dan op een natte boel. Kat op pad, droog wordt het nat.

Heeft een gezonde hond of kat, konijn of cavia lang, dun haar, dan hebben ze een regenjas aan. Maar is het pelsje dicht en fijn, dan zal het een strenge winter zijn.

Als de tuinplanten bij zacht winterweer niet uitlopen, dan komt er nog late winterkou.

Wanneer de mollen naar hoger gelegen terreinen trekken, wat te zien is aan de molshopen, dan komt er veel nattigheid. De mol brengt zich dus bijtijds in veiligheid.

Als er tussen de buitenste bladeren van groente uit eigen tuin nog allerhande beestjes zitten, dan komt er voorlopig geen vorst.

Let op waar met de seizoenswisseling de wind vandaan komt. Zes weken lang draait de wind dan steeds al gauw weer diezelfde kant op. Wind uit het westen, dus vanaf de zeekant, brengt gemakkelijk regen. Men zegt ook: zuidwest regennest. De noorderstroming is meestal koud en de oostenwind brengt in de winter vorst mee.

Spinnen voelen vorst aankomen en laten zich dan naar beneden zakken, maar weven ze in hun web een scheur, dan klopt de stormwind aan de deur.

Wilt u op vakantie weten wat het weer gaat doen, kijk dan naar de dieren. Naar koeien bijvoorbeeld. Koeien hebben grote ogen en het is natuurlijk niet prettig als ze daar regen of hagel in krijgen. Daarom gaan ze met hun rug naar de regen staan als er een bui is. Maar als het blijft regenen moeten ze toch te eten hebben en dan grazen ze door in de regen.

Honden en katten zijn overal. Iedereen kan zien hoe honden uitgelaten worden. Vaak is het meneer die de hond uitlaat met regenweer. Meneer kijkt zuur en trekt zijn kraag hoog op, maar als de hond er fleurig bij loopt dan zal het wel gaan. Als mevrouw in zonnejurk en met een stralende lach, omdat het zo'n fijne dag is, de hond uitlaat die voortsjokt met de kop naar beneden en de staart tussen de benen, dan kun je de paraplu wel klaarzetten.

Planten en dieren reageren soms beter en duidelijker dan mensen. Als we rustig de dingen in de natuur waarnemen, zal onze bewondering voor de prachtige samenhang in de schepping steeds toenemen.

Dankbaar en blij kunnen we dan de scheppingsopdracht vervullen: de aarde bewerken en bewaren.

Register